Unterrichtswerk für katholische Religionslehre

Religion vernetzt

Erarbeitet von
Alexander Keller
Dr. Annegret Langenhorst
Gerald Mackenrodt
Elke Obermeier

Herausgegeben von
Prof. Dr. Hans Mendl und Prof. Dr. Markus Schiefer Ferrari

8

Kösel

Inhalt

Liebe Schülerinnen, liebe Schüler,

auch in der achten Klasse gibt es im Religionsunterricht wieder viel Interessantes zu entdecken und zu diskutieren. Aufbau und Konzept eures Religionsbuches sind euch sicherlich aus den vorherigen Klassen schon bestens vertraut. Falls nicht, hier noch einmal die wichtigsten Informationen auf einen Blick:

Der Buchtitel »Religion vernetzt« bedeutet:

- In der Auseinandersetzung mit den Themen dieses Jahres könnt ihr euer Verständnis von Religion und Glauben, euer »religiöses Netzwerk«, weiterentwickeln.

- Dies geschieht im Gespräch und kreativen Tun gemeinsam mit anderen – im »Klassen-Netzwerk«.

- Das Buch lädt ein über den eigenen Tellerrand hinauszublicken und auch in neuen Medien wie dem Internet Religion zu entdecken und Kontakte zu knüpfen.

Die einzelnen Kapitel sind so aufgebaut:
Das Bild auf der **TITELSEITE** lenkt euren Blick auf das Thema.
Die **KONTEXT**-Seiten beleuchten, in welch verschiedenen Zusammenhängen man das Thema sehen kann.
Die **PINNWAND** bietet viele Anregungen, wie ihr euch aktiv und selbstständig mit dem Thema beschäftigen könnt. Die Aufgabenstellungen beziehen sich auf verschiedene Seiten des Themenbereichs. Entscheidet euch gemeinsam mit eurer Religionslehrerin oder eurem Religionslehrer, welche Ideen ihr auswählen und umsetzen wollt.
Auf den **ORIENTIERUNGS**-Seiten findet ihr grundlegende Informationen zum Thema:
was die Bibel dazu sagt, wie in der Kirche in verschiedenen Zeiten darüber gedacht wurde, welche Bedeutung es für den Glauben hat, was verschiedene Menschen dazu meinen. Die Impulse und Aufgaben regen dazu an, eure eigenen Gedanken und Gefühle, Einstellungen und Überzeugungen mit dem jeweiligenThema zu »vernetzen«.
Die **PERSPEKTIVEN**-Seiten stellen die Lebensbedeutung des Themas für Menschen verschiedener Zeiten heraus. Wir hoffen, dass auch ihr einladende Perspektiven und Aktionsfelder für euer Leben und euren Glauben entdeckt!
Die **AKZENT**-Seite bringt auf ganz unterschiedliche Weise das zentrale Anliegen des Themas auf den Punkt und motiviert zum Weiterdenken.
In den Kapiteln findet ihr bei Begriffen oder Namen immer wieder einen Asteriskus (*).
Damit werdet ihr auf das **LEXIKON** hinten im Buch verwiesen. Hier werden die Begriffe in alphabetischer Reihenfolge mit Text und Bild erklärt.

**Eure Autorinnen, eure Autoren
und eure Herausgeber**

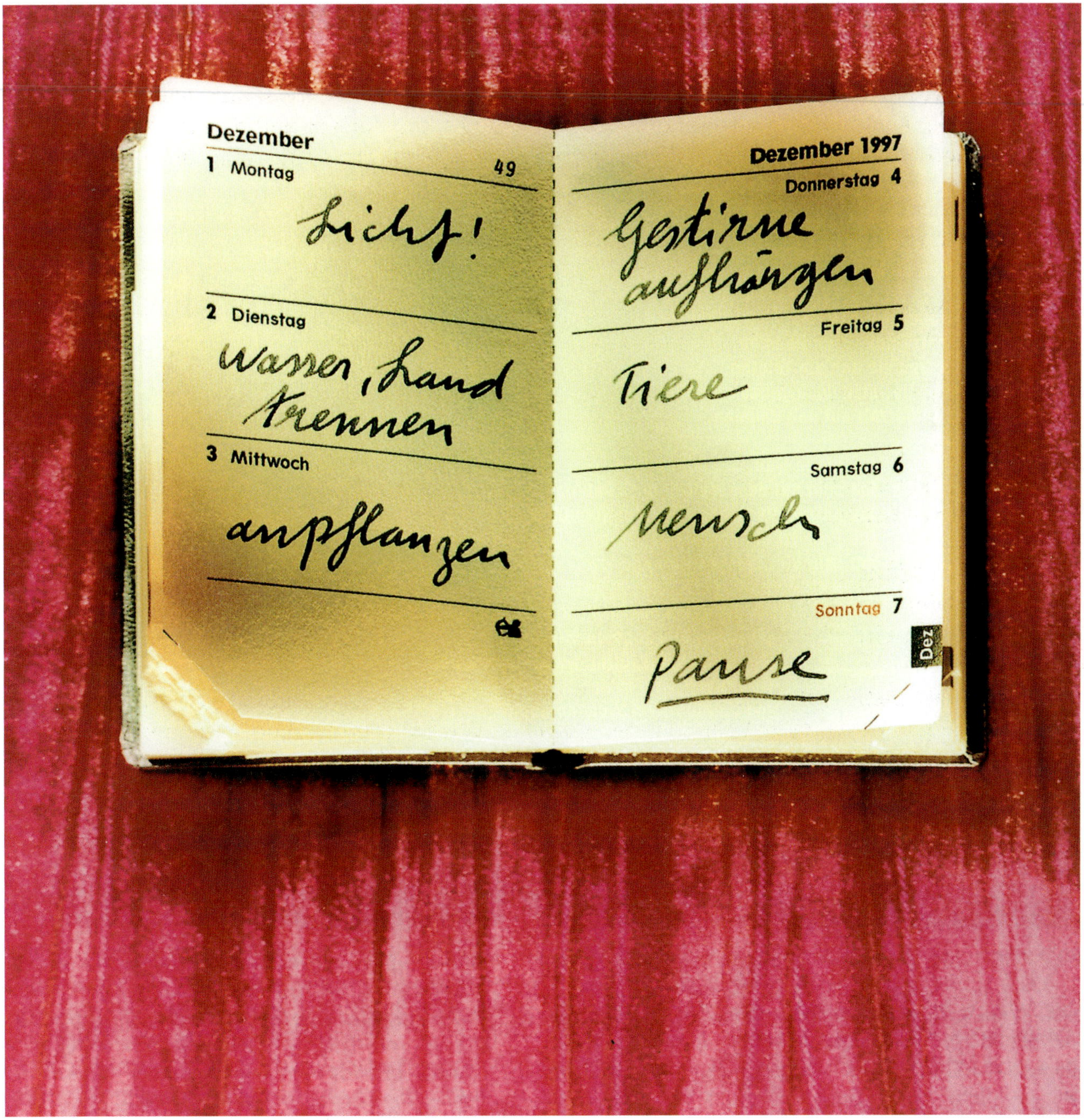

1 Gottes Schöpfung

Die Schöpfung –

Entwicklung der Menschheit

Einst haben die Kerls auf den Bäumen gehockt,
behaart und mit böser Visage.
Dann hat man sie aus dem Urwald gelockt
und die Welt asphaltiert und aufgestockt,
bis zur dreißigsten Etage.

Da saßen sie nun, den Flöhen entflohn,
in zentralgeheizten Räumen.
Da sitzen sie nun am Telefon.
Und es herrscht noch genau derselbe Ton
wie seinerzeit auf den Bäumen.

Sie hören weit. Sie sehen fern.
Sie sind mit dem Weltall auf Fühlung.
Sie putzen die Zähne. Sie atmen modern.
Die Erde ist ein gebildeter Stern
mit sehr viel Wasserspülung.

Sie schießen die Briefschaften durch ein Rohr.
Sie jagen und züchten Mikroben.
Sie versehn die Natur mit allem Komfort.
Sie fliegen steil in den Himmel empor
und bleiben zwei Wochen oben.

Was ihre Verdauung übrig lässt,
das verarbeiten sie zu Watte.
Sie spalten Atome. Sie heilen Inzest.
Und sie stellen durch Stiluntersuchungen fest,
dass Cäsar Plattfüße hatte.

So haben sie mit dem Kopf und dem Mund
den Fortschritt der Menschheit geschaffen.
Doch davon mal abgesehen und
bei Lichte betrachtet sind sie im Grund
noch immer die alten Affen.

Erich Kästner

ein Werk Gottes?

► Beschreibt die einzelnen Elemente der Collage.
► Welche Vorstellungen über die Entstehung der Welt und ihre Zukunft kommen in der Collage und im Gedicht zum Ausdruck? Vergleicht die Aussagen.
► In der Collage ist unten links die computergenerierte Darstellung der Ur-Frau Lucy zu finden. Verfasst ein Gedicht über die Entwicklung der Menschen aus der Sicht einer Frau. Was ändert sich?

Drei Gespräche über die Schöpfung

»Am Anfang schuf Gott Himmel und Erde …« (Gen 1,1) – ein Chat zwischen Pauline und Daniel

Geschrieben von Pauline am 15.04.2002 um 16.08 Uhr

Morgen schreiben wir wahrscheinlich eine Reli-Ex über die Schöpfungsgeschichten, da dachte ich mir, vielleicht kann mir jemand in diesem Forum wenigstens bei zwei meiner Fragen weiterhelfen:

Warum gibt es zwei Schöpfungsberichte?

Die beiden sind doch grundverschieden. Gut, beide Male schuf Gott die Erde, doch da hört's dann schon auf. In dem ersten Bericht (Die Erschaffung der Welt, Gen 1,1-2,4a) heißt es: *Gott schuf den Menschen als sein Abbild, als Abbild Gottes schuf er ihn. Als Mann und als Frau schuf er sie.* Hingegen besagt der zweite Schöpfungsbericht (Das Paradies, Gen 2,4b-25): *Da formte Gott, der Herr, den Menschen aus Erde vom Ackerboden und blies in seine Nase den Lebensatem.* Erst später heißt es dann: *Gott, der Herr, baute aus der Rippe, die er vom Menschen genommen hatte, eine Frau und führte sie dem Menschen zu.*
Welcher von diesen beiden Berichten ist nun korrekt?

Der achte Tag

soll das Heute und Morgen sein, sagt unsere Lehrerin. Nach dem Sechstagewerk Gottes sollen wir die Schöpfung* nun in der Hand haben. Allerdings kann ich das nicht verstehen ... Wie soll es dem Menschen möglich sein die Schöpfung fortzuführen? Und warum sollte Gott einem so unvollkommenen Wesen die weitere Schöpfung überlassen? Auf diese Fragen habe ich keine Antwort. Gibt es darauf überhaupt *eine* richtige Antwort?
Ciao Pauline

Antwort von Daniel am 15.04.2002 um 16.31 Uhr

Wow, ne Menge Stoff für ne Reli-Ex! Eine von deinen vielen Fragen kann ich dir auf jeden Fall beantworten: Warum es überhaupt eine Schöpfungsgeschichte gibt. Denk dich mal 4000 Jahre zurück, ohne die ganzen wissenschaftlichen Erkenntnisse von heute. Aber die so genannten »Wunder der Natur« gab es trotzdem. Die Menschen damals mussten selbst vor einem Gewitter Angst haben, *weil sie es sich nicht erklären konnten*! Und so war es auch mit der Entstehung der Welt. Irgendwie mussten ja der Planet, Pflanzen und Tiere und natürlich die Menschen selbst entstanden sein! Was liegt da näher als seinen Gott dafür verantwortlich zu machen?
Auf deine Frage bezüglich des »achten Tages« gibt es wohl keine Antwort! Da kann man wieder nur improvisieren, doch davon lasse ich lieber ab, da ich nicht gern von einem »übermächtigen« Gott und »minderwertigen« Menschen spreche! Hoffentlich konnte ich dir wenigstens bei der ersten Frage leicht weiterhelfen!
Viel Glück! Daniel

► Drei Grundaussagen der Bibel findet ihr in den drei Gesprächen:

1. *Gott hat Himmel und Erde geschaffen:*
   – Lest den Chat zwischen Pauline und Daniel. Seid ihr mit Daniels Antwort zufrieden? Was könnt ihr Pauline antworten? (Wenn ihr jetzt gründlich mit den Schöpfungsgeschichten der Bibel weiterarbeiten wollt, blättert vor auf **20**.)
2. *Gottes Schöpfung ist gut:*
   – Lest den Auszug aus Jostein Gaarders Buch auf **11**. Welche Schönheiten der Schöpfung hast du bereits gesehen und erlebt? Gestaltet in Gruppen ein Plakat dazu, dessen Mitte ein schönes Foto der Schöpfung bildet.
3. *Der Mensch ist geschaffen als Abbild Gottes:*
   – Wenn Gott eine gute Schöpfung geschaffen hat und den Menschen (als Mann und Frau!) sich selbst ähnlich geschaffen hat, wie will Gott den Menschen? Lest den unteren Text auf **11**. Hilft Annas Erklärungsversuch euch bei dieser schwierigen Frage weiter?
   – Welche Fragen bleiben offen? Schreibt eine Liste, auch mit den Fragen, die euch selbst zum Thema Schöpfung einfallen.

»Und Gott sah, dass es gut war« (Gen 1,18) – ein Gespräch zwischen der kranken Cecilie (13) und dem wissenden Engel Ariel

Ariel: »... Die Welt wird jedes Mal neu erschaffen, wenn ein Kind geboren wird.«
Cecilie: »Weil, wenn ein Kind zur Welt kommt, die Welt ganz neu ist für dieses Kind?«
Er nickte.
»Du kannst übrigens auch sagen, dass die Welt zum Kind kommt. Geboren zu werden bedeutet, dass wir die ganze Welt geschenkt bekommen – mit der Sonne tagsüber, dem Mond und den Sternen am blauen Himmelszelt nachts. Mit einem Meer, das die Strände überspült, mit so tiefen Wäldern, dass sie nicht einmal ihre eigenen Geheimnisse kennen, mit seltsamen Tieren, die durch die Landschaft ziehen. Die Welt wird nie alt und grau. Ihr werdet alt und grau. Aber solange Kinder in die Welt gesetzt werden, ist sie so funkelnagelneu wie am siebten Tag, als der Herr ruhte ... Nicht nur Adam* und Eva sind schließlich erschaffen worden. Auch du wurdest ein wenig erschaffen. Plötzlich, eines Tages, kam die Reihe an dich, dir anzusehen, was der Herr erschaffen hatte. Du wurdest aus Gottes Ärmel geschüttelt und erwischtest dich selbst quicklebendig in der Luft. Und du sahst, dass alles außerordentlich gut war.«
Cecilie musste lachen.

»Lasst uns Menschen machen als unser Abbild, uns ähnlich« (Gen 1,26) – Fynn (19) und Anna (6) unterhalten sich über »Mister Gott«

Mister Gott hatte den Menschen geschaffen nach seinem Bilde. War das eigentlich möglich? Stimmte das?
»Fynn, vielleicht hatte er einen riesengroßen Spiegel?«
»Wozu?« – »Ich weiß nicht, aber er könnte doch einen gemacht haben, nicht?« – »Sicher.« – »Vielleicht sind wir die, die falschrum sind?« – »Fratz, eine verrückte Idee.« – »Deshalb machen wir vielleicht alles verkehrt?« – »Ja, ja, deshalb machen wir alles verkehrt.« So viel Verständnis konnte Anna bei mir nicht erwarten.
»Aber das ist doch klar. Jeder Idiot kann sich das ausdenken. Mister Gott macht uns nach seinem Bild. Und solche Bilder gibt's nur im Spiegel. Und im Spiegel ist alles falschrum. Rechts und links ist links und rechts. Und darum ist Mister Gott vielleicht auf der einen Seite und wir auf der anderen. Er guckt hinein oder auch in ein Spiegelbuch, und da drin sieht er sich selber, und dann sieht er sich zweimal, dreimal, Millionen Mal und dann squillionenmal. Und die Squillionen Mister Gotts, das sind vielleicht wir, aber alle falschrum. Er kann uns sehen, aber wir ihn nicht. Wenn du in den Spiegel guckst, Fynn, dann siehst du dich. Aber dein Gesicht im Spiegel kann dich nicht sehen. Es kann doch aus dem Spiegel nicht rausgucken ... oder? Aber vielleicht will es das gern? Es kann nicht raus, und darum kann es auch nicht so werden wie Mister Gott. Höchstens so ähnlich. Verstehst du, was ich meine?«

► Stellt eines der beiden Bücher, aus denen die zwei Gespräche stammen, der Klasse vor: Jostein Gaarder, Durch einen Spiegel, in einem dunklen Wort, München 2001 und Fynn, Hallo Mister Gott, hier spricht Anna, Frankfurt/M. 2000.

Ernährung und Gesundheit

Wenn der Mensch den Auftrag hat, die gesamte Schöpfung* zu bewahren, lässt sich daraus auch eine Verantwortung ableiten, die jeder Mensch nicht nur für andere, sondern auch für sich selbst hat.
Sammelt zu den Stichworten Ernährung, Gesundheit und Sexualität Beispiele für einen verantwortlichen Umgang mit dem eigenen Körper (vgl. 26), eventuell auch in Zusammenarbeit mit eurem/eurer Biologielehrer/in.
Diskutiert vor diesem Hintergrund die Meinung von Rigoberta Menchú, die meisten Menschen würden nur an ihren Körper und nicht an ihre Seele denken (vgl. 27).

Am Anfang ...

Gestaltet eine eigene Illustration zur Entstehung der Welt auf einem Plakat (z. B. eine Fotocollage aus Zeitschriften oder mit Bildern aus dem Internet oder eine eigene Zeichnung).

Diskussionen zu Schöpfung und Evolution* der Welt im Internet

Im Internet gibt es nicht nur das www, es gibt auch die so genannten Newsgroups. Dies sind Diskussionsforen, in denen Diskussionen – anders als beim Chatten – zeitversetzt, oft über Monate hinweg erfolgen. Geht z. B. zur Newsgroup-Suche von Google und sucht dort nach interessanten Diskussionen zum Thema Schöpfung: Um welche Fragestellungen geht es? Findet ihr auch Vertreter/innen des so genannten »Kreationismus«, die die Schöpfungsgeschichten der Bibel ganz wörtlich nehmen und die Lehre von der Evolution der Arten ablehnen? Wie wirken deren Argumente auf euch?

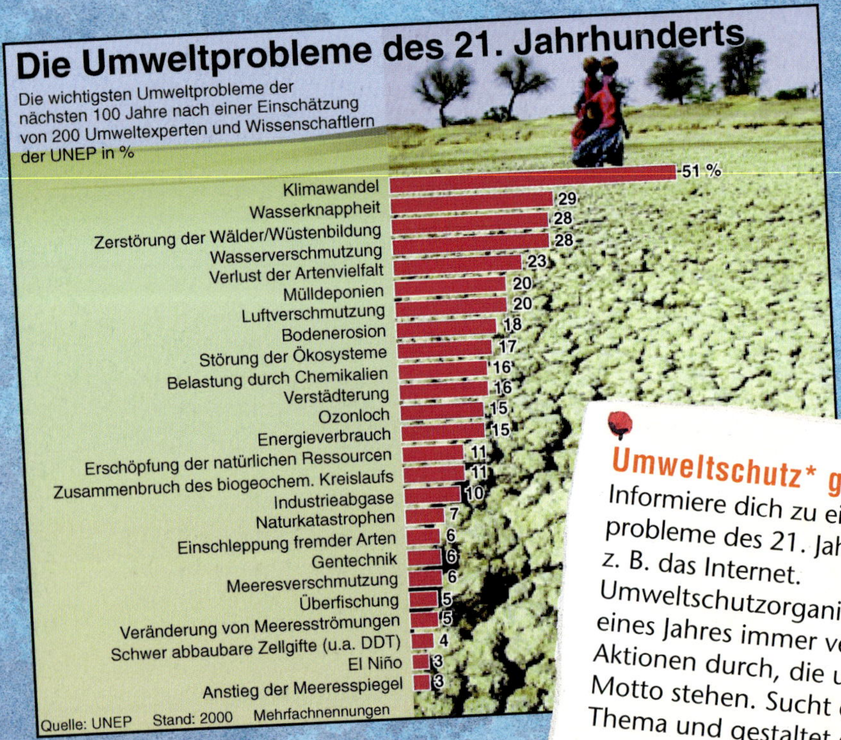

Umweltschutz* geht alle an

Informiere dich zu einem der genannten Umweltprobleme des 21. Jahrhunderts. Benutze dazu z. B. das Internet.
Umweltschutzorganisationen führen im Laufe eines Jahres immer verschiedene Projekte und Aktionen durch, die unter einem bestimmten Motto stehen. Sucht ein für euch interessantes Thema und gestaltet ein Infoplakat. Anregungen findet ihr u.a. auf den Homepages von Greenpeace und dem WWF.
Organisiert für vier Wochen einen Sammeldienst, der in eurer Schule (Klassenzimmer, Pausenhof ...) Müll sammelt. Informiert eure Mitschülerinnen und Mitschüler z. B. auf der Schulhomepage über die Menge des Mülls.

Die Schöpfungserzählungen der Welt und naturwissenschaftliche Erkenntnisse

Sammelt Schöpfungsmythen aus verschiedenen Kulturen (z. B. indem ihr im Internet in einer Suchmaschine die Begriffe »Mythologie« und »Schöpfungsmythen« eingebt). Erzählt euch diese Schöpfungserzählungen gegenseitig und erklärt, welche euch am besten gefällt.
Informiert euch über aktuelle naturwissenschaftliche Theorien zur Evolution*. Stehen die Mythen* und Theorien in Konkurrenz zueinander? Wo liegen die Unterschiede? Wo ergänzen sie sich?

Wer weiß noch …

… welche Bedeutung der Sonntag hat? Was hat er mit dem biblischen Schöpfungshymnus zu tun?
… wie das Alte Testament aufgebaut ist und die ersten fünf Bücher darin heißen?
… mit welchen Bildern aus der Natur der Zusammenhang von Tod, Auferstehung und neuem Leben beschrieben wird?

Ergänzt euer Wissen durch einen Klick auf www.religionvernetzt.de.

Sonne, Mond und Sterne

Besucht eine Sternwarte oder ein Planetarium.
Stellt aus Büchern Daten und Fakten über die Weltraumforschung zusammen.
Schaut euch einen Bericht über die ersten Schritte von Neil Armstrong auf dem Mond an.

Schöpfung klingt

Es gibt viele Meister der klassischen Musik, die das Motiv des »Wassers« vertont haben. Fragt eure/n Musiklehrer/in nach Beispielen. Hört einige an und vergleicht diese.
Vertont mit Instrumenten oder anderen Tonerzeugern eure eigene Wassermusik.
What have we done to the world?, fragt z. B. Michael Jackson in seinem *Earth Song*. Analysiert Text und Musik-Video.

Grenzen überschreiten

Die Erzählung vom »Sündenfall« in Gen 3 zeigt, dass der Mensch ein Grenzgänger ist. Er versucht immer wieder seine Grenzen nicht nur zu kennen, sondern sie auch zu überschreiten (vgl. auch 26 f.). Welche Grenzen werden in Gen 3 überschritten und welche Auswirkungen hat das auf den Menschen? Wo überschreitet der Mensch heute seine Grenzen? Was sind die (positiven und negativen) Folgen?
Sucht auch Beispiele aus den anderen Kapiteln des Buches.

Schöpfung kreativ

Erstellt eine Bildserie, die die Schönheit, aber auch die Gefährdung der Natur zeigt, und hängt sie im Klassenzimmer auf.
Ihr könnt euch auch für das Schuljahr die Aufnahme einer Langzeitfotoserie vornehmen: Fotografiert einen Baum oder ein anderes Naturmotiv einmal im Monat, gestaltet aus den Fotos z. B. einen Kalender oder veröffentlicht eure Fotos auf der Homepage eurer Schule.

Sonne, Mond und Sterne

Du bist mein Stern

Du bist mein Stern
Du bist für mich der Sonnenschein
Ob nah ob fern, ich werde immer bei dir sein
Du bist mein Stern
Du bist für mich das Licht der Welt
Ob nah und fern, ich weiß, dass du zu mir hältst

Ayman

Guide me home

Where is my star in heaven's bough
Where is my strength, I need it now
Who can save, lead me to my destiny
Guide me back safely to my home
Where I belong, once more

Freddie Mercury

Dann sprach Gott

Lichter sollen am Himmelsgewölbe sein, um Tag und Nacht zu scheiden. Sie sollen Zeichen sein und zur Bestimmung von Festzeiten, von Tagen und Jahren dienen; sie sollen Lichter am Himmelsgewölbe sein, die über die Erde hin leuchten.
So geschah es. Gott setzte die Lichter an das Himmelsgewölbe, damit sie über die Erde hin leuchten, über Tag und Nacht herrschen und das Licht von der Finsternis scheiden.
Gott sah, dass es gut war.
Es wurde Abend und es wurde Morgen: vierter Tag.

Gen 1,14-19

Kinder der Nacht

Die Bühne wird zur Wirklichkeit
Die Wirklichkeit zum Traum
Ich will ein Stück Unendlichkeit
Doch Zeit besiegt den Raum

Bin immer noch nicht abgeschminkt
Und deine Blumen in der Hand
Ich rede, doch ich hör mich nicht
Und seh nichts als die Wand

Neonlicht
Ist die Sonne, die mein Schweigen bricht
Ist die Wärme, die zum Stern mich macht
Ganz egal, wo ich auch bin

Rosenstolz

Ein Kind fragt beim Nachhausegehen seinen Vater: »Wieso scheint der Mond?«
Der Vater müht sich redlich, eine richtige naturwissenschaftliche Erklärung zu geben – erzählt von der Umlaufbahn der Erde um die Sonne und des Mondes um die Erde, von der Erddrehung, den Sonnenstrahlen …

- Überlegt euch, um welche Gattungen es sich bei den Texten dieser Seite handelt. Welche Funktionen erfüllen sie und welche Folgen hat dies jeweils für das Verständnis der Textinhalte? Beachtet, in welchem Zusammenhang hier Himmelskörper vorkommen.
- Wie unterscheiden sich naturwissenschaftliche, biblische und poetische Sicht- und Redeweisen?
- Stellt euch die biblische Schöpfungsszene bildlich vor. Wie muss sie auf jemanden gewirkt haben, für den/die Sonne, Mond und Sterne Götter waren?
- Stellt nach dem Vorbild dieser Seite eine eigene Sammlung zum Thema »Sonne«, »Mond« oder »Zeit« zusammen.

Mit den Gesetzen der Schöpfung befasst sich die Naturwissenschaft. Mit den Absichten des Schöpfers die Religion. Für mich sind Naturwissenschaft und Religion gleichsam zwei Fenster eines Hauses, durch die wir auf die Wirklichkeit des Schöpfers und seine in der Schöpfung manifestierten Gesetze hinausblicken. Die gelegentlich gehörte Meinung, dass wir im Zeitalter der Weltraumfahrt so viel über die Natur wissen, dass wir es nicht mehr nötig haben, an Gott zu glauben, ist primitiv und durch nichts gerechtfertigt. Dieselben Naturkräfte, die uns ermöglichen, zu den Sternen zu fliegen, versetzen uns auch in die Lage, unseren eigenen Stern zu vernichten. Es ist nicht mehr genug zu beten, dass unser Gott auf unserer Seite sein möge: Wir müssen vielmehr wieder lernen zu beten, dass wir auf Gottes Seite sein mögen.

Wernher von Braun

Sonnengott Helios im Triumphwagen

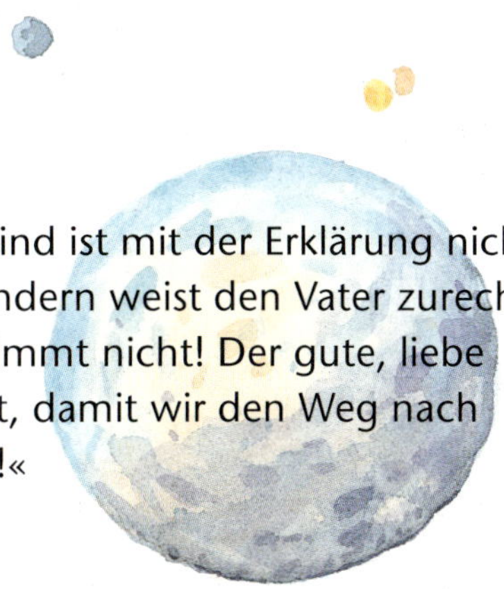

... Aber das Kind ist mit der Erklärung nicht zufrieden, sondern weist den Vater zurecht: »Nein, das stimmt nicht! Der gute, liebe Mond scheint, damit wir den Weg nach Hause finden!«

Neue und alte Weltbilder

Urknall*

Die Frage nach dem Anfang der Welt und damit des ganzen Universums ist auch für die Physik interessant: Da Edwin Hubble 1929 entdeckte, dass sich das Universum ausdehnt, ging die Blickrichtung unweigerlich auf den »Anfang der Zeit«. Die gängigste naturwissenschaftliche Theorie zur Entstehung des Universums ist die Urknalltheorie *(big bang)*, die keineswegs einheitlich ist, sondern in verschiedenen Formen existiert. Die bekannteste Formulierung ist wohl die des Physikers Stephen Hawking in seinem Bestseller »Eine kurze Geschichte der Zeit«:

Stephen Hawking

Das Universum war zum Zeitpunkt des Urknalls vor 10 bis 20 Milliarden Jahren unendlich klein und unendlich dicht. Es hatte die Größe »0« und war zudem unendlich heiß. Die Temperatur ist ein Maß für die durchschnittliche Energie, die im gesamten Universum immer in ihrer Summe gleich bleibt. Mit der Ausdehnung des Universums musste die Temperatur abnehmen, was sich entscheidend auf die im Universum enthaltene Materie auswirkte. Eine Sekunde nach dem Urknall war die Temperatur schon auf ungefähr 10 Milliarden Grad gesunken. Das Universum, das zu diesem Zeitpunkt größtenteils aus Photonen, Elektronen, Neutrinos, Antineutrinos, Protonen und Neutronen bestand, setzte seine Ausdehnung und Abkühlung fort. Nachdem die Temperatur nach etwa 100 Sekunden auf eine Milliarde Grad gesunken war, konnten Protonen und Neutronen nicht mehr der Anziehung der starken Kernkraft entgehen: Sie verbanden sich zu Atomkernen des Deuteriums (= schwerer Wasserstoff), die ihrerseits mit Protonen und Neutronen zu Heliumkernen oder auch zu Lithium und Beryllium werden konnten. Dieser Entstehungsprozess dürfte wenige Stunden nach dem Urknall beendet gewesen sein. Das Universum setzte danach eine Million Jahre lang seine Ausdehnungsbewegung einfach fort. Wenn Elektronen und Kerne nicht mehr genügend Energie hatten, um ihre elektromagnetische Anziehungskraft zu überwinden, verbanden sie sich zu Atomen. In Regionen mit überdurchschnittlicher Dichte konnte im Zusammenwirken mit Gravitationskräften umgebender Regionen die Expansion zum Stillstand gebracht werden und die gesamte Region stürzte in sich zusammen. (Nach Newtons Gravitationstheorie hängt die Schwerkraft zwischen zwei Körpern außer vom Abstand nur noch von der Masse ab.) Danach wurde diese Region in eine Rotation versetzt und die zusammengestürzte Region wurde immer dichter und die Rotation immer schneller. Schließlich wurde die Region so klein, dass die Rotationskraft die Gravitationskraft aufwog: Es entstanden (scheibenartig rotierende) Galaxien. Andere Regionen, die nicht in Rotation versetzt wurden, entwickelten sich zu ovalen Objekten, den elliptischen Galaxien.

Das ptolemäische Weltbild

Antike Weltbilder

Die Weltbilder der alten Völker waren stets eine Mischung aus mythischen und technischen Vorstellungen. Die Erfahrung der Welt war für sie geheimnisvoll und mächtig, sodass sie sich niemals nur mit Fakten abfinden wollten. So kam es immer wieder in den Vorstellungen von der Entstehung und der Ordnung der Welt zu einer Vermischung von Tatsächlichem und Symbolischem.
Auch der griechische Philosoph Aristoteles (384-322 v. Chr.) glaubte noch, dass sich Sonne, Mond, Planeten und Sterne in kreisförmigen Umlaufbahnen um die Erde bewegen, die ihrerseits unbeweglich im Zentrum verharrt. Grundlage dieser Auffassung war die mythische Überzeugung, dass die Erde der Mittelpunkt des Universums und die Bewegung in Form eines Kreises – von Gott verursacht – die vollkommenste sei. Neben einer »technischen Konstruktion« der Welt war in der Antike vor allem das Vermitteln einer Vertrauensordnung notwendig, die das Leben in einer übermächtig erscheinenden Welt erträglich machte.
Ptolemäus gestaltete im 2. Jahrhundert n. Chr. diese Vorstellung zu einem vollständigen kosmologischen Modell aus, in dem die Erde den Mittelpunkt bildet (= geozentrisches Weltbild). Sie wird von acht Sphären umgeben, die Mond, Sonne, Sterne und die damals bekannten fünf Planeten (Merkur, Venus, Mars, Jupiter und Saturn) tragen.

Astronomia zeigt Ptolemäus, dem »König der Wissenschaften«, das Universum, Holzschnitt um 1503

- Informiert euch im Lexikon oder Internet (Suchwörter: Weltbilder*, Schöpfungsmythen) oder in Büchern über verschiedene Weltbilder und erstellt eine Plakatwand mit Abbildungen der unterschiedlichen »Theorien« der Welt.
- Schreibt einen Dialog zwischen Stephen Hawking und dem »Verfasser« von Gen 1 zum Thema »Der Anfang«.

Schöpfungsmythen der alten Kulturen

Eine überlieferte Geschichte, welche die Existenz der Welt und der Menschen erzählerisch und nicht rational-begrifflich erklären will, heißt *Mythos** (griech. »Erzählung, Rede, Geschichte«). Mythen vom Anfang der Welt wollen nicht wörtlich beschreiben, was genau am Anfang geschehen ist, sondern erzählen vom Sinn und vom Wert der Welt und des Lebens. Sie antworten auf die Frage, warum und wozu es die Welt und uns Menschen gibt.
Alle Religionen haben ihre Mythen, in denen neben der Bedeutung von Göttern vor allem auch die Herkunft der Welt gedeutet werden soll (Schöpfungsmythen) oder die mit einer Erzählung über Vorgänge in der Vergangenheit Phänomene der Gegenwart begründen wollen (Ätiologie*).
Auf dieser Doppelseite werden drei Schöpfungsmythen aus ganz unterschiedlichen Kulturen und Erdteilen vorgestellt:
Der mittelamerikanische Schöpfungsmythos stammt aus dem *Popol Vuh*, dem »Buch des Rates«, das von einem unbekannten Schreiber der Maya um 1560 aufgeschrieben wurde. Es enthält jedoch mündliche Traditionen, die bis ins 10. Jahrhundert n. Chr. zurückreichen.
Der chinesische Schöpfungsmythos ist ein Beispiel aus der reichen Tradition Chinas an Schöpfungsmythen und wurde im 3. Jahrhundert n. Chr. aufgezeichnet. Nach Auffassung einiger Wissenschaftler reichen die Ursprünge des Mythos bis in die Jungsteinzeit zurück.
Die bekannteste Schöpfungserzählung außerhalb der Bibel ist jedoch der babylonische Mythos *Enuma Elisch*, der nach seinen Anfangsworten (»Als droben«) benannt ist. Die ursprüngliche Fassung geht vielleicht in die Epoche der ersten babylonischen Dynastie vom 19.-17. Jahrhundert v. Chr. zurück. Der heute bekannte Wortlaut ist eine Rekonstruktion aus verschiedenen Fragmenten von Keilschrifttafeln, die im Gebiet des heutigen Irak gefunden wurden und deren ältestes aus dem 9. Jahrhundert und jüngstes aus dem 2. Jahrhundert v. Chr. stammen.

► Lest die drei Schöpfungsmythen und untersucht, worin sie sich bezüglich des Menschenbildes unterscheiden und wo Gemeinsamkeiten zu finden sind.

Mittelamerikanischer Schöpfungsmythos

Wie ist alles entstanden? Lies, was uns unsere Urväter schon vor vielen tausend Jahren erzählten:

Sie berichten uns von zwei Göttern, dem Schöpfergott und dem Formergott. Nachdem diese beiden Götter die Erde geschaffen hatten, machten sie die Tiere. Aber die Tiere konnten nicht sprechen. Sie zischten, kreischten und gackerten nur.
Darum sprachen die Götter: »Die Tiere sind nicht fähig, uns anzurufen und uns zu verehren. Lasst uns ein Wesen schaffen, das uns gehorsam und ergeben ist und uns ernährt und erhält.«
Und die Götter formten die ersten Menschen aus Erde und Lehm. Aber ihr Werk war nicht gut. Diese Menschen besaßen keine Vernunft und waren zu weich. Im Regen lösten sie sich auf. Deshalb zerstörten sie die Götter wieder.
Die zweiten Menschen formten die Götter aus Holz. Aber auch diese Menschen besaßen keine Vernunft. Sie konnten nur auf allen vieren laufen und deshalb zerstörten die Götter sie auch wieder.
Endlich aber fanden die Götter heraus, wie der Mensch zu machen sei. Vier Tiere, die Wildkatze, der Kojote, der Papagei und der Rabe brachten ihnen nämlich weißen und gelben Mais. Die Götter zerrieben die Maiskolben und bereiteten daraus neun Getränke, die den Lebensstoff enthielten. Dieser Stoff verlieh den Menschen Kraft und Stärke. Auch den Körper des Menschen formten die Götter aus Mais. Diese Menschen sprachen und unterhielten sich, sahen und hörten, liefen und ergriffen Dinge. Sie waren gute und schöne Menschen. Groß war ihre Weisheit. Sie konnten alles sehen, alles erkennen und alles verstehen, was es auf der Welt gab.
Die Götter sahen dies nicht gern, weil sie bemerkten, dass die Menschen ihnen gleich geworden waren. Das aber wollten sie nicht und deshalb veränderten sie ihre Geschöpfe. Die Götter warfen den Menschen einen Schleier über die Augen, sodass sie nur noch erkennen konnten, was ganz nahe vor ihren Augen war.

Chinesischer Schöpfungsmythos

Ihr wollt wissen, wie es am Anfang war?
Dann lasst euch nun von einer Zeit erzählen, in der es nichts als Chaos gab. Und das Chaos war wie ein Nebel und voller Leere. Plötzlich kam mitten in diesen Nebel, in das Chaos der Leere, ein farbiges Licht. Der Nebel teilte sich. Das Leichte stieg auf und bildete den Himmel, und das Schwere sank hinunter und bildete die Erde.

Jetzt kamen vom Himmel und der Erde starke Kräfte. Diese beiden Kräfte verbanden sich und brachten Yin und Yang hervor. Stell dir Yang wie einen Drachen vor, heiß, feurig und schnell. Yin dagegen wie eine Wolke, feucht, kühl und langsam dahintreibend. Jede dieser Kräfte ist ungeheuer stark, und gäbe es nur eine von ihnen, würde sie die Welt mit ihrer Gewalt zerstören. Zusammen aber gleichen sie sich aus und halten die Welt in Harmonie.

Das sind also Yin und Yang, und aus ihnen entstand alles. Die Sonne entstand aus Yang, der Mond aus Yin. Alles entstand aus ihnen, auch die Lebewesen. Jetzt gab es also die Erde, die wie eine Qualle auf dem Wasser schwamm. Aber die Erde war einfach nur eine Kugel ohne besondere Merkmale. So schufen die Kräfte Yin und Yang die riesige Gestalt des P'an Ku, des Alten.

P'an Ku, der uralt wurde und nie zu wachsen aufzuhören schien, machte sich an die Arbeit und brachte die Erde in Ordnung. Er grub die Flusstäler und stapelte Berge auf. Als P'an Ku dann starb, wurden aus seinem riesigen Körper die fünf höchsten Berge der Welt. Sein Fleisch wurde zur Erde, aus seinen Knochen entstanden die Steine, aus seinen Haaren die Pflanzen und aus seinem Blut die Flüsse. Aus seinem Schweiß entstand der Regen und aus seinen Parasiten – winzige Tierchen, die auf seinem Körper lebten – entstanden die Menschen.

Zuerst lebten die Menschen in Höhlen, doch bald kamen himmlische Herrscher und lehrten sie, Werkzeuge zu machen, Häuser und Boote zu bauen, und die Menschen lernten zu fischen, zu pflügen, zu pflanzen und Essen zuzubereiten.
So war es also am Anfang.

Babylonischer Schöpfungsmythos

Als droben die Himmel noch nicht genannt waren,
als unten die Erde keinen Namen hatte,
als selbst Apsu, der Uranfängliche, der Erzeuger
der Götter, und Mutter Tiamat,
die sie alle gebar, ihre Wasser in eins vermischten, ...
als noch kein Gott erschienen, mit Namen nicht
benannt, Geschick ihm nicht bestimmt war,
da wurden die Götter aus dem Schoß
von Apsu und Tiamat geboren.

Nachdem die Götter nur ausschweifendes Verhalten an den Tag legen, wollen Apsu und Tiamat sie wieder vernichten, doch der Gott Ea kann zunächst Apsu überlisten und töten. Dann erzeugt er Marduk, der schließlich der Mächtigste der Götter wird und Tiamat nach einem misslungenen Aufstand erschlägt.

Es ruhte der Herr Marduk und betrachtete Tiamats
Leichnam, aus dem geteilten Ungeheuer wollte er
Kunstvolles schaffen.
Er schnitt es also entzwei wie einen getrockneten
Fisch:
der einen Hälfte bediente er sich,
das Himmelsgewölbe zu machen.

Er gab ihrem Kopf einen Platz;
darüber häufte er ein Gebirge,
er öffnete die unterirdischen Wasser frei,
die Flut ergoss sich.
In ihren Augen schloss er den Eufrat
und den Tigris auf.
Er häufte auf ihrer Brust fruchtbare Hügel an.
Er bohrte einen Wasserspiegel an,
um eine Quelle zu schaffen.

Nachdem Marduk das Firmament und die Erde geschaffen hatte, sprach er:

»Ein Gewebe von Blut will ich machen, Gebein will
ich bilden, um ein Wesen entstehen zu lassen:
Mensch sei sein Name.
Erschaffen will ich ein Wesen, den Menschen.
Ihm auferlegt sei der Dienst der Götter zu ihrer
Erleichterung.«

Kingu, einer der Götter, der schuld war am Aufstand der Tiamat, wird dann ausgeliefert, damit aus seinem Blut die Menschheit erschaffen werden kann.

Was ist der Mensch? –

Buchmalerei, Frankreich, 13. Jahrhundert

Gott, der ordnende Schöpfer

In der Bibel finden wir am Anfang zwei Texte über die Schöpfung, die von verschiedenen unbekannten Verfassern aufgeschrieben wurden. Der wohl jüngere Text steht am Anfang in Gen 1,1-2,4a. Wegen seiner priesterlichen Sprache und Theologie vermuten heutige Forscher, dass er im babylonischen Exil (586-538 v. Chr.) von einer Gruppe israelitischer Priester verfasst worden ist und zur so genannten »priesterlichen Grundschrift« des Alten Testaments gehört. Die Verfasser wollten ihren Landsleuten die wichtigsten Grundlagen ihres Glaubens in Erinnerung rufen.
Die Schöpfung wird hier nicht als *creatio ex nihilo* (lat. = Schöpfung aus dem Nichts) dargestellt. »Vor dem Anfang« ist in biblischer Vorstellung nicht das Nichts, sondern das Chaos in Form der *Tohuwabohu*-Erde (hebräische Vokabeln für »wüst und wirr«), der Finsternis und des bedrohlichen Ur-Meeres. Nicht dass etwas geschaffen wurde, hat die biblischen Menschen bewegt, sondern was und wozu es geschaffen wurde. Sie besingen Gott als Schöpfer einer guten Ordnung (griech. *Kosmos*).
Die Erzählung beinhaltet aber auch eine Kritik an den Schöpfungsmythen der Umwelt in Babylon: Die Naturkräfte sind keine Götter, sondern wurden von Gott, der außerhalb der Natur steht, geschaffen.

- Lest Gen 1,1 - 2,4a. Vergleicht den Text mit dem Kalender auf der Titelseite 7. Findet die rhythmisierenden Elemente in dem Text heraus und deutet ihre Funktion.
- Vergleicht den Textauszug aus Enuma Elisch 19 mit Gen 1,1 - 2,4a: Wo fallen Gemeinsamkeiten bzw. Unterschiede auf?
- Gestaltet zu jedem der Schöpfungstage in Gen 1,1 - 2,4a eine eigene Collage. Überlegt, ob ihr das als Gesamtklasse im Kunstunterricht machen könnt.
- Schreibt entsprechend der Textstruktur von Gen 1,1 - 2,4a ein neues Schöpfungslied, in dem der Mensch als Schöpfer auftritt (vgl. 26 f.).

Schöpfungserzählungen der Bibel

Gott, der gute Gärtner

Die zweite Schöpfungserzählung in Gen 2,4b-25 entstammt verschiedenen älteren Erzähltraditionen und wurde vermutlich im so genannten »Exilischen Geschichtswerk« um 550 v. Chr. von Verfassern aufgeschrieben, die den Gottesnamen »Jahwe« bevorzugten. Die verschiedenen Quellen erkennt man z. B. daran, dass die Geschichte wohl ursprünglich nur von einem Baum in der Mitte des Gartens erzählt, später wurden zwei verschiedene Bäume daraus: der Baum der Erkenntnis und der Baum des Lebens. Aus der Beschreibung dieses idealen »Garten Eden« spürt man die Sehnsucht einer Kultur von Ackerbauern nach einer fruchtbaren Oase heraus. Dieser Paradiesgarten »im Osten« ist freilich kein realer Ort, wenngleich die Namen seiner Flüsse genannt werden; ebenso wenig ist er ein Schlaraffenland, sondern Symbol für einen »eingefriedeten« glücklichen Lebensraum, gestaltet von einem guten Gärtner.
Der Mensch wird in den für ihn geschaffenen Garten gesetzt, um Gottes Schöpfung zu hüten und fortzuführen.

Emil Nolde, 1940

- Vergleicht die beiden biblischen Schöpfungstexte, indem ihr folgende Fragen an sie stellt:

  1. Mit welchem Namen wird Gott genannt?
  2. In welchem Zeitraum schafft Gott die Welt?
  3. Was war vorher?
  4. Welche Bedeutung hat das Wasser?
  5. Wann und wie wird der Mensch geschaffen?
  6. Wie wird die Frau geschaffen?
  7. Was ist der Mensch und welche Aufgaben hat er?
  8. Welche Textgattung erkennt ihr?

- Lest Gen 2,4b-25. Werdet in ruhiger Atmosphäre selbst schöpferisch tätig. Malt ein Bild vom Garten Eden oder formt aus Ton Menschenfiguren oder Gesichter, Hände ...
- Betrachtet die beiden Bilder von Gott auf dieser Doppelseite. Welches spricht euch mehr an? Vergleicht sie mit dem Gottesbild in der Collage [9].
- Beantwortet jetzt Paulines Frage [10], warum es zwei Schöpfungsgeschichten gibt.

Es ist nicht gut, dass der Mensch allein bleibt

Albrecht Dürer, 1504

Adam

Tiere
zahm auch die wilden
Blumen Früchte
vom Geist erdacht
gewillt ihm zu dienen

Lebendige Luft
Vögel in Fülle

Alles

Aber
Adam
unwissend ewig
unwissend einsam
hatte noch nicht begonnen
da zu sein

bis die Gefährtin
aus seiner Rippe
sprang
um ihn zu lieben
und sterblich zu machen

Rose Ausländer

Eine kleine hebräische Sprachkunde

Das Alte Testament wurde in Hebräisch geschrieben. Die Sprache hat ein eigenes Alphabet und wird von rechts nach links gelesen.
Wenn Hebräer das »Wesen« einer Sache erklären wollten, dann beschrieben sie, wie diese geworden ist. Daher sind die Schöpfungserzählungen keine Berichte über den Fortschritt des Weltbaus, sondern Aussagen darüber, wie die Welt *ist.*
Im Blick auf den Menschen (Adam* und Eva) finden wir so eine interessante Wesensaussage: Das Wort אָדָם *(adam)* ist alles andere als ein Name. Der אָדָם ist der, welcher von der אֲדָמָה *(adamah)*, dem Erdboden, stammt. Zum Menschen wird er dadurch, dass ihm von seinem Gott der Lebensatem eingehaucht wird.

Später wird der eine Mensch »auseinandergenommen«: Ein Gegenüber entsteht. Dieses steht nicht auf der Stufe der anderen Geschöpfe, sondern ist ein Geschöpf, das *Bein von meinem Bein und Fleisch von meinem Fleisch ...* (Gen 2,23) ist. Genau darauf verweist auch das Wortspiel: die Frau, die אִשָּׁה *(ischah)*, die vom אִישׁ *(isch)*, dem Mann, genommen ist.
Die Frau ist die »Hilfe, die ihm entspricht« (Gen 2,18.20). Enthalten ist in dem Begriff das hebräische נֶגֶד *(nægæd)*, welches »vor« oder »gegenüber« bedeutet. Dieser Ausdruck umschreibt im Hebräischen ganz konkret den- oder diejenige, der/die einem bei einer Arbeit beisteht und mit ihm zusammen – etwa auf dem Feld – arbeitet.

Freispruch für Eva

Eva, Frau in der Frühe der Zeit,
so schön und so gut bist du, dass Adam dich
anschaut und liebt, du freust dich unbefangen
an deiner und seiner Liebe, Geschenke von Gott,
und die Schlange, Heilkraft der Göttin
verkörpernd, wohnt neben eurem Lager

Eva, Mutter aller Lebendigen,
ich sehe dich nicht mehr mit den Augen
verwundeter Männer, mit Augen, geblendet
von Machtsucht und Stolz

Eva, ich bin deine Tochter und Schwester,
begabt mit Brüsten und Schoß, beschenkt mit
Seele und Geist, durchströmt von Sehnsucht und
Liebe, erfüllt von Staunen und Hoffen,
verschwistert mit allem, was lebt

Eva, du hast nicht den Tod zu den Menschen
gebracht, Mutter aller Lebendigen,
nicht die Schuld vererbst du an uns, du
schenkst die Kraft und Bereitschaft weiter,
ganz für das Leben zu sein

Eva, ich spreche dich frei,
ich weise den Rufmord zurück, der Ehre und
Freiheit dir abschnitt im Dienste männlicher
Herrschlust dich zum Freiwild erklärte und
zur stimmlosen Magd bis zum heutigen Tag.
Zur Ganzheit sind wir geboren als Töchter
Gottes

Christa Peikert-Flaspöhler

HAP Grieshaber, 1949

- Lasst euch Zeit für das Gedicht »Adam«. Wie fühlte sich Adam vor Erschaffung seiner Gefährtin? Schreibt einen Liebesbrief Adams an Eva.
- In 1 Tim 2,12f. heißt es: *Dass eine Frau lehre, erlaube ich nicht, auch nicht, dass sie über ihren Mann herrscht; sie soll sich still verhalten. Denn zuerst wurde Adam erschaffen, danach Eva.* Lest den Info-Kasten links und sammelt daraus Argumente für eine Entgegnung.
- In 1 Tim 2,14 wird die Geschichte vom »Sündenfall« so gedeutet: *Nicht Adam wurde verführt, sondern die Frau ließ sich verführen und übertrat das Gebot.* Inszeniert einen Prozess gegen Eva. Ihr braucht Eva und ihre Verteidiger/innen, Staatsanwälte/innen, einen Richter bzw. Geschworene und Zeugen (Adam, die Schlange ...). Die Prozessakten findet ihr in Gen 3.
- Von welcher Schuld* soll Eva in dem modernen Gedicht »Freispruch für Eva« freigesprochen werden? Schreibt einen Brief Evas an uns heutige Menschen, in dem sie ihre Sicht darstellt.
- Sucht in den beiden Bildern aus verschiedenen Kunstepochen Motive aus Gen 2 und Gen 3. Welches Bild passt eurer Meinung nach besser zu dem Satz: *Es ist nicht gut, dass der Mensch allein bleibt* (Gen 2,18)?

Schöpfungslob damals …

SONNENGESANG

HÖCHSTER ALLMÄCHTIGER GUTER HERR
DIR SEI DAS LIED DIE HERRLICHKEIT DIE EHRE
UND ALLER SEGEN
DIR ALLEIN HÖCHSTER KOMMEN SIE ZU …
LOB SEI DIR MEIN HERR
MIT DEINER GANZEN SCHÖPFUNG
VOR ALLEM MIT DEM HERRN BRUDER SONNE
ER BRINGT UNS DEN TAG
UND SPENDET UNS LICHT
SCHÖN IST ER UND STRAHLEND MIT GROSSEM GLANZ
VON DIR HÖCHSTER EIN ZEICHEN
LOB SEI DIR MEIN HERR DURCH SCHWESTER MOND UND DIE STERNE
AM HIMMEL FORMTEST DU SIE
GLÄNZEND KOSTBAR UND SCHÖN
LOB SEI DIR MEIN HERR DURCH BRUDER WIND
DURCH LUFT UND WOLKEN DURCH HEITERES UND JEDES WETTER
DURCH SIE GIBST DU DEINER SCHÖPFUNG LEBEN
LOB SEI DIR MEIN HERR
DURCH SCHWESTER WASSER
SEHR NÜTZLICH IST SIE
DEMÜTIG KOSTBAR UND REIN
LOB SEI DIR MEIN HERR
DURCH BRUDER FEUER
DURCH IHN IST DIE NACHT ERHELLT
SCHÖN IST ER FREUNDLICH
KRAFTVOLL UND STARK
LOB SEI DIR MEIN HERR
DURCH UNSERE SCHWESTER MUTTER ERDE
SIE BELEBT UND LENKT UNS
SIE ERZEUGT VIELE FRÜCHTE
FARBIGE BLUMEN UND GRÄSER …
LOBT UND SEGNET MEINEN HERRN
DANKT UND DIENT IHM IN GROSSER DEMUT

*Franz von Assisi**

... und heute

An: Empfänger unbekannt

Cc:

Betreff: Retour à l'expéditeur

Vielen Dank für die Wolken.
Vielen Dank für das Wohltemperierte Klavier
und, warum nicht, für die warmen Winterstiefel.
Vielen Dank für mein sonderbares Gehirn
und für allerhand andre verborgne Organe,
für die Luft und natürlich für den Bordeaux.
Herzlichen Dank dafür, dass mir das Feuerzeug nicht ausgeht,
und die Begierde und das Bedauern, das inständige Bedauern.
Vielen Dank für die vier Jahreszeiten,
für die Zahl e und für das Koffein
und natürlich für die Erdbeeren auf dem Teller,
gemalt von Chardin, sowie für den Schlaf,
für den Schlaf ganz besonders,
und, damit ich es nicht vergesse,
für den Anfang und das Ende
und die paar Minuten dazwischen
inständigen Dank,
meinetwegen für die Wühlmäuse draußen im Garten auch.

Hans Magnus Enzensberger

- Franz von Assisi* hat seinen »Sonnengesang« um das Jahr 1200 geschrieben, Hans Magnus Enzensberger sein Gedicht »Empfänger unbekannt« um das Jahr 2000. Beschreibt die Stimmung, welche die beiden Autoren in ihren Texten zum Ausdruck bringen.
- Die beiden Gedichte haben unterschiedliche Adressaten. Warum?
- Welches Gedicht passt besser zu euch? Sucht euch das Gedicht aus, das euch besser gefällt, und formuliert es für euch persönlich um oder weiter.
- Lest das alte Schöpfungslob in Ps 104 oder Ps 8 und vergleicht es mit dem, was ihr geschrieben habt.

Der Mensch als Schöpfer und Herrscher

In der jüngeren Schöpfungserzählung (Gen 1,1-2,4a) erhalten die Menschen von Gott den Auftrag: *Seid fruchtbar und vermehrt euch, bevölkert die Erde, unterwerft sie euch und herrscht über die Fische des Wassers, über die Vögel des Himmels und über alle Tiere, die sich auf dem Land regen* (Gen 1,28). Doch das ist kein Freibrief dafür, alle Ressourcen der Erde, ihre Landschaften, Pflanzen und Tiere einem vermeintlichen Fortschritt zu opfern. Die Menschen sollen vielmehr Verantwortung übernehmen für die Schöpfung. Sie sollen als gute »Herrscher« mit behutsamer Sorgfalt die Welt gestalten. Dass dies in der Realität oft anders aussieht, liegt auf der Hand.

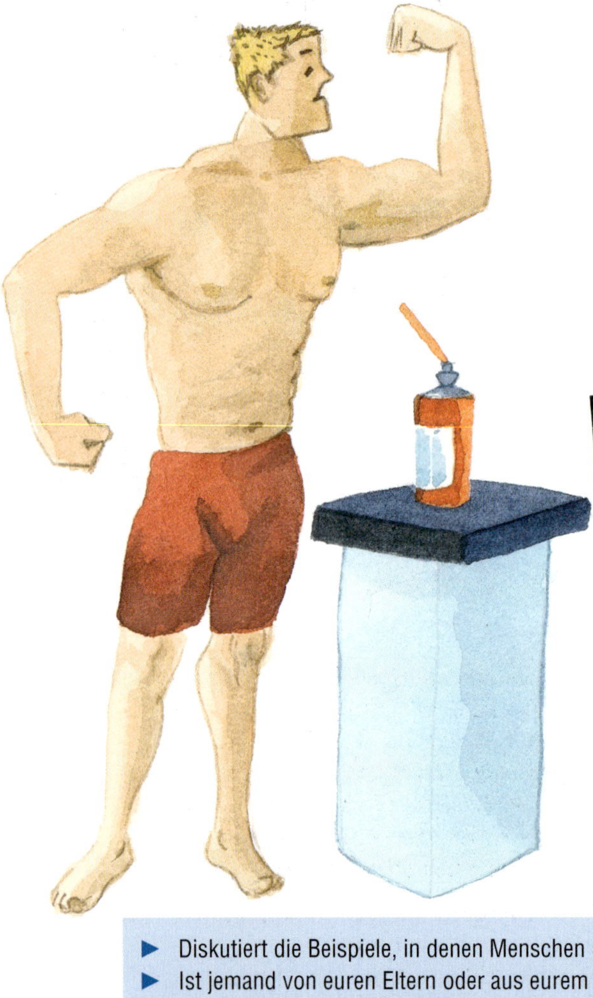

- Diskutiert die Beispiele, in denen Menschen »schöpferisch« tätig sind, nach Sinn, Nutzen und Folgen.
- Ist jemand von euren Eltern oder aus eurem Bekanntenkreis als Arzt oder Naturwissenschaftler tätig und setzt sich mit Gentechnik* auseinander? Dann ladet ihn/sie doch in den Unterricht ein und diskutiert über Chancen und Grenzen moderner Gentechnik. Vielleicht lässt sich das sogar als fächerübergreifendes Projekt mit dem Biologieunterricht organisieren.
- Überlegt euch, was der Schöpfungsauftrag in Gen 1,28 (wörtlich übersetzt »setzt euren Fuß auf sie«) konkret bedeutet, und formuliert dies in eigenen kurzen Sätzen, z. B.: »herrscht über die Erde«/»macht euch die Erde untertan«/»seid verantwortlich für die Erde«/»schützt die Erde«. Diskutiert die Tragweite der einzelnen Formulierungen für das Verhältnis von Mensch und Natur.

Die Menschen auf unserer Erde haben vergessen, dass die Erde ihre Mutter ist. Die meisten Menschen denken nur an ihren Körper und nicht an ihre Seele ... Man meint, man brauche nur sich selbst und niemand sonst ... Von klein auf wissen wir vom Volk der Maya, dass unser Leben sehr rasch vergeht, dass wir nur kurze Zeit auf der Erde sind. Nichts gehört nur uns, aber alles gehört zu uns. Die Menschen haben keine Vorstellung von der Geringfügigkeit ihrer eigenen Existenz: Sie sind ein winziger Fleck in der Zeit, die unermesslich ist. Fast alle Menschen fühlen sich schon vom zehnten Lebensjahr an als absolute Herren der Schöpfung, denn sie machen damit, was sie wollen. Sie haben keine Vorstellung von Kontinuität, machen sich keine Gedanken um Enkel oder Urenkel.

Rigoberta Menchú, Friedensnobelpreisträgerin aus Guatemala

- Die Bibel erzählt in Gen 3, dass der Verzehr einer Frucht vom Baum der Erkenntnis die erste Sünde* des Menschen gewesen sei. Dies ist in einem ätiologischen Sinn (vgl. 18) zu verstehen, d. h. es soll der sündige Zustand der Welt erklärt werden. Diskutiert, inwieweit das Bedürfnis des Menschen, über seine Grenzen hinauszufragen, auch eine Gefährdung darstellt. Welcher Zusammenhang besteht zwischen Erkenntnisdrang und Verantwortung des Menschen für die Schöpfung*?
- Führt eine Podiumsdiskussion zum Thema »Der Schöpfungsauftrag Gottes an die Menschen« zwischen Rigoberta Menchú und einem der Männer auf der Karikatur rechts oben.

Du und die Umwelt

Natürlich ist im Prinzip jedem Menschen klar, dass wir nur eine einzige Erde haben, die wir pflegen und schützen sollten, damit sie bewohnbar bleibt. Für Christen ergibt sich aber aus dem Schöpfungsauftrag (vgl. 20) noch die ganz besondere Verantwortung, die gute Schöpfung zu bewahren und zu gestalten. Im Bereich des Umweltschutzes bedarf es beispielsweise einer besonderen Achtsamkeit im Umgang mit Ressourcen oder kleiner konkreter Schritte des Einzelnen im Alltag, wie etwa der Mülltrennung. Auch von politischer Seite werden immer wieder Versuche unternommen, die Umweltverschmutzung* systematisch zu verringern. Trotzdem wird jedes Jahr mehr und mehr Natur durch (industrielle) Großprojekte, aber auch durch Gedankenlosigkeit im privaten Bereich verschmutzt und dadurch (manchmal unwiederbringlich) zerstört.

Urlaubsentscheidungen von Nürnberg nach ...

Ziel	Verkehrsmittel (hin und zurück)	Entfernung (in km)	Kohlendioxid (CO_2) (in g pro Person)
Oberstdorf	Eisenbahn	612	38
Oberstdorf	PKW	624	106
Florenz	Eisenbahn	1810	113
Florenz	Bus	1630	68
Florenz	PKW	1630	277
Mallorca	Flugzeug	2030	597
Gran Canaria	Flugzeug	5710	1697
Thailand	Flugzeug	17650	5190

Wasserverbrauch von zwei Familien im Vergleich (in Litern pro Tag)

	Familie Dursthig	Familie Wehnich
Duschen/Baden	216	96
Waschbecken	314	97
WC-Spülung	54	36
Geschirrspülen	60	28
Waschmaschine	111	50
Trinken, Kochen, Sonstiges	44	44
Garten, Auto	60	00
Gesamt	**859**	**351**

- Sprecht über die Statistiken auf dieser Seite und ergänzt sie durch aktuelle Informationen (z. B. aus dem Internet oder aus Info-Broschüren). Diskutiert mögliche Konsequenzen.
- Der Wasserverbrauch der Familien Durshig und Wehnich unterscheidet sich sehr deutlich. Überlegt, welche Gründe es dafür geben kann. Bedenkt dabei sowohl das mögliche Verhalten der Familien als auch die technischen Möglichkeiten, Wasser zu sparen.
- Unterscheidet sich das ökologische Handeln von Christen von dem der Nicht-Christen? Begründet eure Meinung.

Ökoquiz (Stand 2004)

Wie viel Wasser verbraucht ein Einwohner von New York durchschnittlich pro Tag?	50/90/140/660 Liter
Wie viel Liter Wasser können durch einen Liter Öl verdorben werden?	1 000/10 000/100 000/1 000 000 Liter
Wie hoch ist der Ölverbrauch eines einzelnen Bundesbürgers im Jahr?	500/1 000/1 600/2 000 Liter
Wie viele Tonnen Industrie-Abfälle wurden 1997 in die Nordsee geleitet?	200/2 000/20 000/200 000 Tonnen
Wie viel Müll produzierten alle Deutschen 2001?	über 13 000/über 26 000/über 20 000 000 Tonnen
Wie viel Prozent des deutschen Baumbestandes wiesen im Jahr 2004 deutliche Schäden auf?	9/17,3/31/64,5 Prozent

- Die richtigen Antworten zum Ökoquiz findet ihr im Lexikon zum Thema »Umweltverschmutzung«* auf 139 f.
  Ergänzt das Ökoquiz durch eigene Fragen. Die richtigen Antworten könnt ihr im Internet leicht recherchieren.
- Stellt aus den Fragen eurer Klasse ein Ökoquiz für die Schülerzeitung oder eure Tageszeitung zusammen.
  Macht damit eine Umfrage über das Umweltverhalten der Bevölkerung: Wasserverbrauch, Abgasreduzierung, Müllvermeidung, Mülltrennung etc.
- Sucht Beispiele für »Verpackungswahn«. Sicher findet ihr aufwändig verpackte Produkte in einem Kaufhaus oder Supermarkt.
- Vielleicht habt ihr auch oft das Gefühl, dass etwas getan werden müsste. Was kann jede/r von euch persönlich beitragen?

Naturwissenschaft und Schöpfungsglaube – kein Widerspruch!

Die Sprache der Bibel ist keine naturwissenschaftliche Faktensprache, sondern eine metaphorische Bildersprache ... Die beiden biblischen Schöpfungsberichte geben keine Auskunft über die Entstehung des Universums im modernen naturwissenschaftlichen Sinn.
Aber: Sie geben ein Glaubenszeugnis über sein letztes Woher, das die Naturwissenschaft weder bestätigen noch widerlegen kann.

Und dies ist die Botschaft der ersten Seiten der Bibel: Der gute Gott ist der Ursprung von allem und jedem. Er steht mit keinem bösen oder dämonischen Gegenprinzip in Konkurrenz.

Die Welt im Ganzen und im Einzelnen, auch die Nacht, auch Materie, auch niedriges Getier, auch Menschenleib und Geschlechtlichkeit sind grundsätzlich gut.

Gottes Schöpfung bedeutet seine gnädige Zuwendung zu Welt und Mensch.

Der Mensch also ist das Ziel des Schöpfungsprozesses und gerade deshalb ist er für die Pflege seiner Um-Welt, der Natur, verantwortlich.

Hans Küng

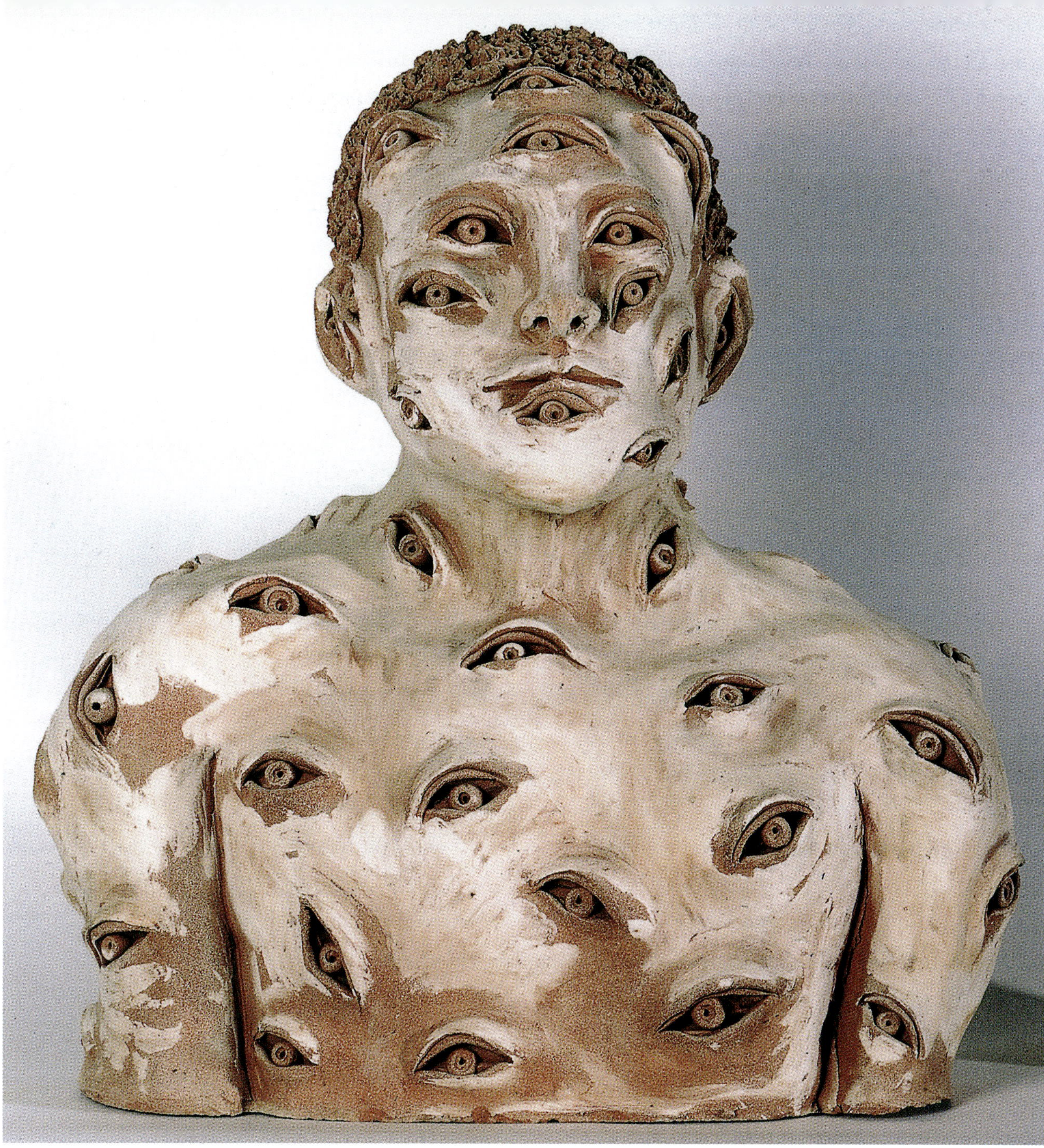

2 Konflikte – Schuld – Versöhnung

Konflikte in Familie ...

KATI: Ich will heute Abend nichts essen.
VATER: Komm schon. Jugendliche in deinem Alter brauchen drei Mahlzeiten am Tag.
KATI: Aber ich habe mittags doch viel gegessen.
VATER: Na, setze dich wenigstens mit an den Tisch, damit ich was von dir habe. Dann kommt dir bestimmt der Appetit.
KATI: Ich kann aber nichts essen.
VATER: Was ist denn immer los mit dir?
KATI: Nichts. Hmm.
VATER: Jetzt setzt du dich bitte an den Tisch.
KATI: Ich habe aber keinen Hunger und ich will mich nicht an den Tisch setzen. Ich will jetzt endlich alleine sein. Darf ich bitte in mein Zimmer?

Ich muss meinen Eltern immer alles erklären und wir diskutieren unheimlich lange herum. Bis ich mein Bauchnabelpiercing machen durfte, ging es immer hin und her. Manchmal wäre es besser, die würden ganz klar Nein oder besser natürlich Ja sagen, dann wüsste ich, woran ich wäre.

Pia (15 Jahre)

Wenn ich im Bad bin und meine Schwester schreit draußen rum: »Jetzt werd endlich fertig!« – das geht mir auf die Nerven. Gut wäre es, ich hätte mein eigenes Badezimmer wie mein Freund Martin.

Holger (15 Jahre)

Meine Eltern haben sich etwas Gemeines ausgedacht. Ich bekomme mein Taschengeld samstags immer erst, wenn ich meine Hausarbeiten gemacht habe. Ich versuche es immer hinauszuschieben, aber sie kennen kein Erbarmen. Ich finde, das ist Erpressung.

Helge (14 Jahre)

- ▶ Stellt die Top Ten der Ursachen und Gründe auf, die zu Schwierigkeiten und Konflikten* zwischen euren Eltern und euch führen.
- ▶ Überlegt euch, welche anderen Reaktionsmöglichkeiten Calvin bzw. seine Mutter wählen könnten.
- ▶ Wie ist wohl Katis Tag verlaufen? Was könnte passiert sein? Sucht verschiedene Gründe, warum Kati nicht mit der Familie essen will. Was könnte der Vater im Gespräch anders machen, damit er und Kati sich verstehen?
- ▶ Bringt Pia und Calvin ins Gespräch miteinander: Ist es gut, wenn man mit den Eltern alles diskutieren kann, oder sollten sie lieber auch einmal ein Machtwort sprechen? Sammelt Argumente.

... und Schule

Partnerarbeit mit Ralf

Im Religionsunterricht sollten wir in Partnerarbeit unser Hobby vorstellen. Der einzige Fußballer in meiner Klasse außer mir war Ralf.
Ralf hat gesagt, dass ich ihm fünf Euro geben soll, sonst macht er nicht mit.
Da hab ich ihm gesagt, dass er ein Spielverderber ist.
Und er hat gesagt, dass ich bloß Streit suche.
Und ich habe gesagt, dass er ein alter Angeber ist.
Und er hat gesagt, ich komm doch sonst und bettle, wenn ich überhaupt nichts habe.
Und ich hab gesagt, er soll sich seinen Kram an den Hut stecken ...

Wenn ich morgens aufwache, würde ich mich am liebsten unter die Decke verkriechen und für immer liegen bleiben. Ich habe in Bio, Englisch und Latein nur Fünfen und Sechsen in den letzten Arbeiten geschrieben. Meine Eltern sagen, ich wäre stinkfaul und ich könnte, wenn ich wollte. Ich weiß aber überhaupt nicht, wie.

Eine namenlose Schülerin

- Schreibt die Fortsetzung der »Partnerarbeit mit Ralf«. Nach welchen Kriterien suchen sich Schülerinnen und Schüler Partner für eine Arbeitsgemeinschaft im Unterricht aus? Wonach richtet man sich in der Pause oder der Freizeit bei der Personenwahl?
- Am Zeugnistag, bei der Notengebung und im Umgang mit manchen Lehrkräften oder Schülerinnen und Schülern sind Konflikte vorprogrammiert. Warum eigentlich? Welche Situationen dieser Art fallen euch noch ein? Gebt Verhaltenstipps.
- Habt ihr Verständnis für die »namenlose Schülerin«? Welche Bedeutung haben in einer solchen Situation die Sprüche auf dem Mäppchen und die Akzeptanz in der Klassengemeinschaft? Diskutiert, was man wie verbessern könnte.
- Welche offenen Konflikte habt ihr schon in der Schule oder auf dem Schulweg beobachtet oder miterlebt?

Viel sehen und verletzen

Die Titelseite des Kapitels [31] zeigt einen »Vielseher«, den Mutsuo Hirano 1999 geformt hat. Stellt euch vor, ihr seid der Vielseher und schaut andere an:
Was seht ihr?
Stellt euch umgekehrt vor, ihr werdet vom Vielseher angeschaut: Welche Gefühle löst das bei euch aus?
Konfrontiert den Vielseher mit folgenden Sprüchen:
»Warum siehst du den Splitter im Auge deines Bruders, aber den Balken in deinem Auge bemerkst du nicht?« (Mk 7,3)
»Wenn du mich ansiehst, werde ich schön.« (Gabriela Mistral)
Wie könnte er darauf reagieren?
Was fällt euch zum Thema »Konflikt«* und »Schuld«* ein, wenn ihr die Augen als Narben deutet?
Entwerft und gestaltet selbst eine/n Vielsager/in oder Vielhörer/in. Tont, zeichnet oder malt.
Sucht Sprichwörter, ein Gedicht oder eine Überschrift, die zu eurer Figur passen.

Gewitterstimmung einfangen

Bestimmte Wetterkonstellationen dienen in unserer Sprache als Ausdruck für menschliche Stimmungen, z. B. »sonniges Gemüt« oder »eisige Stille«. Sucht weitere Beispiele.
Einen beginnenden Konflikt oder Streit kann man mit einem aufziehenden Gewitter vergleichen. Überlegt, welche Phasen es bei einem Gewitter gibt und welche Entsprechungen sie bei einem Konflikt haben. Beachtet verschiedene Verläufe und Ausgänge.
Erstellt eine Bilderausstellung für eure Schule zu diesem Thema.

Im Familienalbum blättern

Führt ein Interview mit euren Großeltern oder älteren Nachbarn über deren Jugend. Lasst sie von ihren Geschwisterkonflikten erzählen. Was verklärt sich im Laufe der Zeit?

Amok*

Ungelöste Konflikte stauen sich auf und entladen sich unkontrolliert und gefährlich. Sammelt Material über die Ursachen von Amokläufen in der Welt und erstellt eine Wandzeitung. Überlegt euch, inwieweit die Beteiligten im Vorfeld etwas hätten machen können, um eine solche Eskalation zu verhindern.

Konflikttagebuch schreiben

Schreibt über zwei Wochen ein Konflikttagebuch.
Wo seht ihr vorprogrammierte Konflikte in eurem Leben? Sprecht in Gruppen über »Minenfelder« und über »Fettnäpfchen«, die unvermeidbar sind.

Umkehren

Jeder Mensch gerät immer wieder in Konflikte, Streitigkeiten und Schuldsituationen. Trotz mancher guter Vorsätze gelingt es uns nicht, ein ethisch einwandfreies Leben zu führen.
Macht eine Umfrage in der Schule: Was ist »Schuld«, was ist »Sünde«?
Diskutiert die Ergebnisse.
Welche Antworten lassen sich im Christentum und anderen Weltreligionen zu den Begriffen finden?

Scheinfrieden aufdecken

Martin Luther King* schreibt 1963 aus einem Gefängnis in Birmingham über die augenblickliche Spannung in den Südstaaten zwischen Schwarzen und Weißen:

»Ich hatte gehofft, die gemäßigten Weißen würden verstehen, dass die augenblickliche Spannung in den Südstaaten nur eine notwendige Übergangsphase ist, und zwar von einem negativen Frieden, in dem wir Schwarzen die Ungerechtigkeit teilnahmslos hinnahmen, zu einem positiven Frieden, in dem alle Menschen die Würde und den Wert der menschlichen Persönlichkeit respektieren würden. Wir bringen nur die bereits vorhandene, verborgene Spannung an die Oberfläche. Wir holen sie ans Tageslicht, damit man sie sehen und sich mit ihr befassen kann. Wie ein Furunkel, der erst heilen kann, wenn er geöffnet und mit seiner ganzen eitrigen Hässlichkeit den natürlichen Heilkräften der Luft und des Lichtes ausgesetzt wird, so muss auch die Ungerechtigkeit mit all der Spannung, die sie erzeugt, erst ans Licht des menschlichen Gewissens und an die frische Luft der öffentlichen Meinung gebracht werden, um heilen zu können.«

Informiert euch kurz über Martin Luther King und seine Zeit, z. B. im Lexikon 132 oder in einem Heiligenlexikon im Internet.
Überlegt euch, was Martin Luther King unter einem negativen bzw. positiven Frieden versteht. Welche Bedeutung könnten in diesem Zusammenhang die Worte Jesu in Mt 10,34f. haben, er sei *»nicht gekommen, Frieden zu bringen, sondern das Schwert«*?

Wer weiß noch ...

... welche Rechte Kinder haben?
... was Mobbing bedeutet?
... wie Jesus mit der Sünderin (Lk 7,36-50) umging?
... was Propheten sind?

Ergänzt euer Wissen durch einen Klick auf www.religionvernetzt.de.

Streitkultur untersuchen

Gibt es an eurer Schule oder einer Nachbarschule ein Mediations*-/Streitschlichter-Programm? Befragt dazu eure/n Verbindungslehrer/in. Stellt das Programm vor oder ladet Streitschlichter/innen in den Unterricht ein.

Über den Tellerrand hinausschauen

Sammelt aus der Tagespresse Berichte über Jugendliche, die mit dem Gesetz in Konflikt* geraten sind. Überlegt: Welches sind die häufigsten Straftaten Jugendlicher? Informationen findet ihr z. B., wenn ihr im Internet auf der Homepage des Statistischen Bundesamtes den Link »Rechtspflege« anklickt. Welche Vorgeschichte haben die Jugendlichen? Welche vorsorgenden Maßnahmen können gefährdeten Jugendlichen helfen, nicht straffällig zu werden?
Veranstaltet in der Klasse eine Podiumsdiskussion zum Thema »Ist gemeinnützige Arbeit einer Gefängnisstrafe bei Jugendlichen vorzuziehen?«.

Was ist ein Konflikt?

Konflikt* wird oft undifferenziert mit Streit gleichgesetzt. Dabei sind Konflikte schon dann vorprogrammiert, wenn zwei oder mehrere Menschen in einem Gespräch oder einer Situation verschiedene Ansichten oder Ziele haben. Sie diskutieren oder streiten. – Sie tragen einen Konflikt aus, der nicht unversöhnlich enden muss, aber auch eskalieren kann.
Es gibt auch innere Konflikte, die eine Person mit sich selbst austragen muss, wenn sie mehrere Wünsche, Pflichten oder Tendenzen hat.

Klemens hat geklaut, so einen wollen wir nicht in unserer Clique.

Wir sind aufgestanden gegen die Politiker;
jede Woche eine Demonstration.
Die Polizeibeamten kannten uns schon.

Dieses Glas ist halb voll. – Nein, es ist halb leer.

Ich will eine Fernfahrerin werden.

Ich konnte mich gestern im Restaurant einfach nicht entscheiden: Steak oder Forelle?

Eigentlich bräuchte ich mein Taschengeld ja jetzt, aber ich spare für ein Rennrad.

Ich bin überzeugte Umweltschützerin.
Meine Freundin hält von Mülltrennung nichts.

Ich habe das Rauchen bis jetzt noch nicht lassen können.

Stufen der Eskalation* bei einem Konflikt

ZUSCHLAGEN

Gezielte Angriffe werden durchgeführt und als »passende Antwort« begründet. Menschlichkeit fehlt. Das Motto lautet: »Der Feind ist zu vernichten!«

KEIN WEG MEHR ZURÜCK?

BEDROHEN

Klischees, Verallgemeinerungen und Gerüchte werden über den anderen verbreitet. Es können regelrechte Image-Kampagnen geführt werden mit dem Ziel, dass der Gegner sein Gesicht verliert. Drohungen werden mit Gegendrohungen beantwortet.

WER ZIEHT DIE NOTBREMSE?

VERHÄRTEN

Ein Ausrutscher passiert. Die Atmosphäre wird gespannt und verkrampft. Man beginnt mit Schwarz-Weiß-Denken und verbaler Gewalt. Der andere wird vor vollendete Tatsachen gestellt.

GIBT ES EINEN AUSWEG?

- ► Vergleicht die oben erwähnten Konflikte: Welcher ist für euch persönlich nachvollziehbar? Welcher nicht? Begründet eure Meinung. Welche Konflikte würdet ihr als Entscheidungskonflikt einer einzelnen Person bezeichnen?
- ► Schreibt in Kleingruppen anhand des Eskalationsschemas eigene Konfliktgeschichten, spielt sie in der Klasse vor oder erstellt mithilfe einer Digitalkamera eine Fotosequenz.

Die Geschichte mit dem Hammer

Ein Mann will ein Bild aufhängen. Den Nagel hat er, nicht aber einen Hammer. Der Nachbar hat einen. Also beschließt unser Mann, hinüberzugehen und ihn auszuborgen. Doch da kommt ihm ein Zweifel: Was, wenn der Nachbar mir den Hammer nicht leihen will? Gestern grüßte er mich nur so flüchtig. Vielleicht war er in Eile. Aber vielleicht war die Eile nur vorgeschützt und er hat etwas gegen mich. Und was? Ich habe ihm nichts angetan; der bildet sich etwas ein. Wenn jemand von mir ein Werkzeug borgen wollte, *ich* gäbe es ihm sofort. Und warum er nicht? Wie kann man einem Mitmenschen einen so einfachen Gefallen abschlagen? Leute wie dieser Kerl vergiften einem das Leben. Und dann bildet er sich noch ein, ich sei auf ihn angewiesen. Bloß weil er einen Hammer hat. Jetzt reicht's mir wirklich. – Und so stürmt er hinüber, läutet, der Nachbar öffnet, doch bevor er »Guten Tag« sagen kann, schreit ihn unser Mann an: »Behalten Sie Ihren Hammer, Sie Rüpel!«

Paul Watzlawick

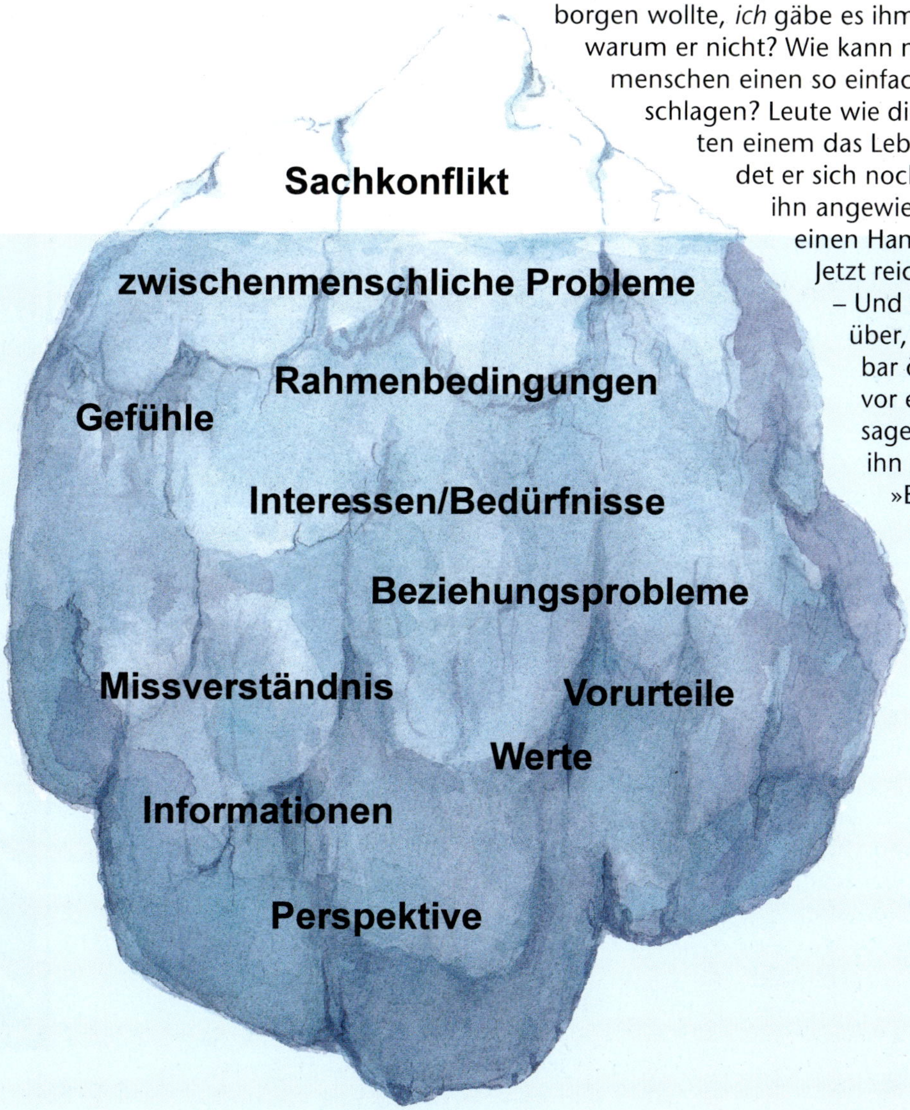

Das Eisbergmodell nach Christoph Besemer

- ▶ Analysiert die Geschichte mithilfe des Eisbergmodells. Stellt euch vor, der Nachbar kennt das Eisbergmodell. Wie wird er reagieren?
- ▶ Sucht konkrete Beispiele für die Wirkfaktoren, die sich im Eisbergmodell unter der Wasseroberfläche befinden, z. B. Beziehungsprobleme entstehen aufgrund von Vorurteilen etc.

Dilemmasituationen –

Wintersportwoche

Bald ist es so weit: Die Klasse 8c fährt nach St. Johann/Tirol in die Wintersportwoche. Der Klassleiter informiert über die Zimmerverteilung: Für die 30 Schülerinnen und Schüler werden zehn Drei-Bett-Zimmer bereitgestellt. Schnell bilden sich Grüppchen. Anja, Bine, Clarissa und Daniela sind Freundinnen. Jedoch sind Bine und Daniela im Moment nicht gut aufeinander zu sprechen, weil Daniela über Bines Schwarm gelästert hat. Bine äußert gegenüber Clarissa und Anja in der Pause, dass sie unbedingt mit den beiden in ein Zimmer möchte. Sie schwärmt schon von den Abenden und bietet an, für alle drei Süßigkeiten mitzubringen und einen Discman mit Boxen. Clarissa und Anja haben eigentlich schon mit Daniela eine Absprache zum Dreierzimmer getroffen. Wie sollen Clarissa und Anja sich entscheiden und wie sollen sie es den Freundinnen beibringen?

Verkehrsunfall

Ralf hatte genau gesehen, dass sein Freund Peter mit dem Fahrrad die Straße überquerte, als die Ampel schon Rot zeigte. Dabei streifte er eine Frau, die zu Boden stürzte und sich am Arm verletzte. Peter bat Ralf, er möge bei der Polizei für ihn als Zeuge dafür auftreten, dass die Ampel noch auf Grün stand, als er die Frau anfuhr. Einen Augenblick zögerte Ralf. Aber dann wusste er, was er tun sollte. Wie wird sich Ralf verhalten?

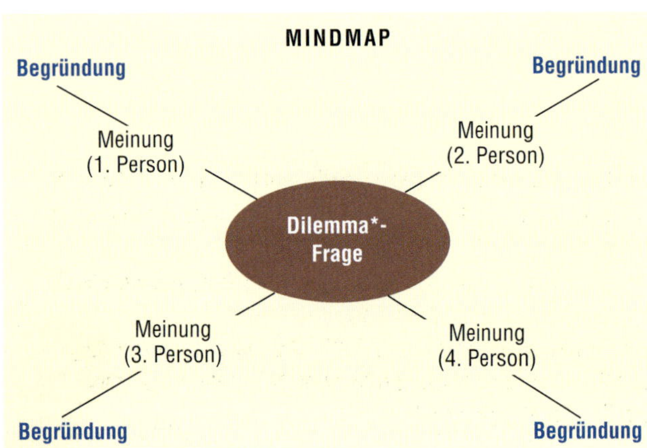

Disco-Dampferfahrt auf dem Main

Am Mittwoch hatte der 15-jährige Philipp mit seinen Eltern einen heftigen Streit. Er wollte mit seinen Freunden am Samstag an der »Disco-Dampferfahrt auf dem Main« teilnehmen, die bis 24 Uhr dauert. Die Eltern waren dagegen. In Absprache mit seinem volljährigen Bruder schlug dieser den Eltern vor, auch auf dem Boot anwesend zu sein und ein Auge auf Philipp zu haben. Die geheime Absprache der Brüder lautete: Der große Bruder würde Philipp an der Anlegestelle absetzen, mit seinen Freunden an Land bleiben und Philipp mitternachts wieder mit nach Hause nehmen. Die Eltern stimmen zu und schlagen vor, doch auch den 15-jährigen Cousin Max mitzunehmen. Da kommen Philipp Zweifel. Soll er den Plan durchziehen?

Keith Haring, 1989

Hilfe im Schulalltag

Der Klassenlehrer Herr Rahner betont gegenüber seiner achten Klasse, dass gegenseitige Hilfe im Schulalltag unerlässlich sei. Während der Physikstunde hilft Eva ihrem Banknachbarn Peter bei einer schweren Aufgabe. Die Physiklehrerin weist auf die Schulordnung hin und bestraft die beiden schließlich mit einer nachmittäglichen Nacharbeit wegen Schwätzens. Eva beschwert sich beim Klassenlehrer. Was soll Herr Rahner tun?

Wie würdest du entscheiden?

Tim

»Du bist heute so still!«, meint der Vater am Mittagstisch. Tim murmelt etwas Undeutliches. Nach dem Essen verzieht er sich rasch in sein Zimmer. Er will allein sein. Deutlich stehen seine Erlebnisse vor ihm: Vor 14 Tagen war er in die neue Schule gekommen. Mit drei Kameraden hatte er sich gleich gut verstanden. Ausgerechnet diese drei, Lars, Niki und Wolfgang, hatten ihm heute eine tolle Sache erzählt. »Stell dir vor, jeder von uns hat letzte Woche in einem Laden ein T-Shirt mitgehen lassen! Es war ganz leicht: Wir anderen haben den Verkäufer durch Fragen abgelenkt – dann ein Griff ... Heute ziehen wir wieder los. Du kannst mitkommen. Du bist ja wohl kein Feigling, sondern unser Freund!« Aber Tim war der Entscheidung ausgewichen: »Heute kann ich nicht, vielleicht das nächste Mal.« Tim weiß genau: Bald fragen ihn die Freunde wieder. Was soll Tim tun?

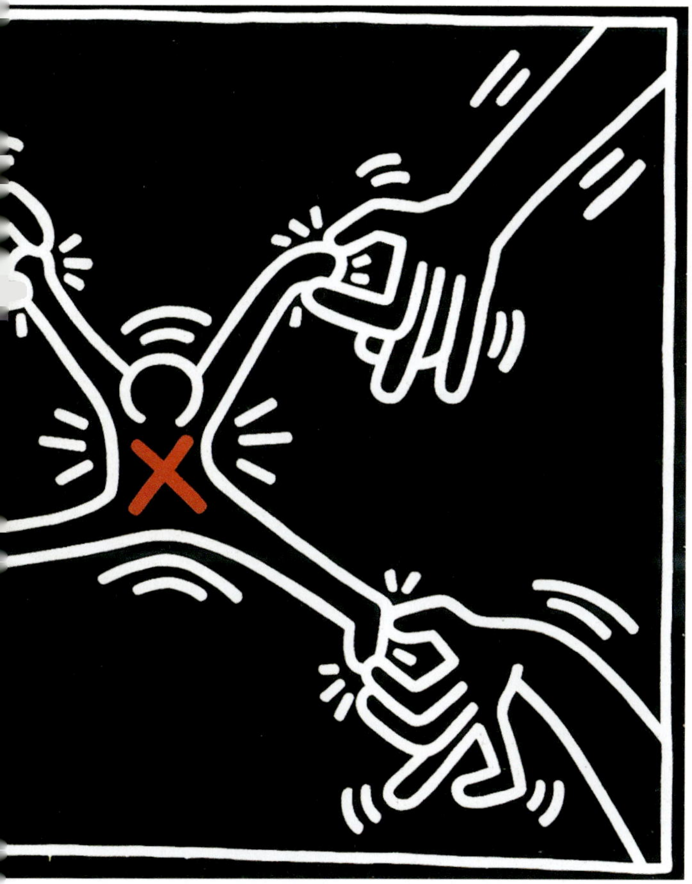

Grillen

Endlich stehen die Sommerferien vor der Tür. Die Schülerinnen und Schüler der Klasse 8a haben sich zum abendlichen Grillen und Zelten über Nacht am entlegenen Baggersee verabredet. Weil Martins großer Bruder mit dem elterlichen Auto die Getränkekästen und den Grill gebracht hat, »dürfen« er und sein Kumpel noch ein bisschen bleiben. Sie trinken mitgebrachten Alkohol und kündigen an, auch am Baggersee zu übernachten. Da tritt Daniela barfuß in eine schmutzige Scherbe. Der Fuß blutet heftig. Da es keinen Handyempfang gibt, überlegen die Jugendlichen, ob sie nicht der große Bruder zum ärztlichen Notdienst fahren soll, obwohl er angetrunken ist. Wie sollen sie sich entscheiden?

- ▶ Sucht euch ein Dilemma* aus und erarbeitet mithilfe des Mindmap-Schemas auf der linken Seite die entscheidende Dilemmafrage sowie verschiedene Positionen der handelnden Personen. Bewertet die einzelnen Entscheidungsmöglichkeiten und tragt auch eure eigenen Meinungen und Begründungen in die Mindmap ein.
- ▶ Schließt euch dann jeweils mit zwei anderen aus der Klasse zusammen, die dieselbe Geschichte gewählt haben, und vergleicht eure Entscheidungen und Begründungen.
- ▶ Besprecht auch: Welche Folgen hat eure Entscheidung? Wer zieht bei eurer Lösung den Kürzeren? Wer macht sich schuldig?
- ▶ Betrachtet das Bild von Keith Haring genau. Überlegt, wer hinter der Person mit dem roten Kreuz und hinter den einzelnen Händen stecken könnte. Inwiefern leistet das Bild einen Beitrag zum Thema »Dilemma«?

Das Gefühl von Schuld

Thomas Lange, 1996-1997

Da sitze ich nun. Besonders wohl fühle ich mich nicht. Welche Übertreibung! Mies drauf bin ich, ganz mies. Zuerst habe ich mich im Recht gefühlt. Sich endlich mal durchsetzen. Auch wenn sofort der Gedanke da war: »In deren Haut will ich jetzt nicht stecken.« Irgendwie hätte ich nicht gedacht, dass Angst in fremden Augen so wenig anmacht. Und kein anderer war da! Keine Zeugen. Eigentlich müsste ich mich sicher fühlen. Aber ...
Ich fühle mich wie ein Schwein. Was kam da nur von mir? Diese Worte, so verletzend wie tausend Rasiermesser. Die Runde ging an mich. Damit hätte ich es gut sein lassen können. Aber, oh nein. Wie ein Sog! Fortgeschwemmt wurden alle Barrieren in mir. Das gab ein gutes Gefühl: diese Macht. Endlich bin ich Chef. Und mein Herz schlug dabei. Jetzt habe ich Herzmuskelkater. Meine Lunge brennt. Ich kann die Augen nicht öffnen. Was habe ich da getan?
Auf keinen Fall möchte ich jetzt einen Menschen sehen. Und noch mehr will ich nicht gesehen werden. Mir stecken die Tränen im Hals. Wozu ist ein Mensch fähig? Ich bin ausgestoßen aus der Menschheit, wie ein Wolf.

Aber deine Ruhe findest du trotz alledem nicht mehr

Ich weiß nicht, was mich dazu bringt,
Und welche Kraft mich einfach zwingt,
Was ich nicht sehen will, zu sehn.
Was gehn mich fremde Sorgen an,
Und warum nehm ich teil daran,
Statt einfach dran vorbeizugehn?
Ich schließ die Fenster, schließ die Türn,
Damit die Bilder mich nicht rührn,
Doch sie gehn mir nicht aus dem Sinn.
Mit jedem Riegel mehr vorm Tor
Dringt es nur lauter an mein Ohr,
Und unwillkürlich hör ich hin:
Du hast nicht gestohlen, nicht betrogen,
Und wenn irgend möglich nicht gelogen,
Oder wenn, dann ist das wenigstens schon
eine ganze Weile her.
Hast fast nie nach fremdem Gut getrachtet,
und fast immer das Gesetz geachtet,
Aber deine Ruhe findest du
trotz alledem nicht mehr.
Mich zu verteidigen brauch ich nicht.
Keine Geschwornen, kein Gericht
Nehmen mir meine Zweifel ab,
Ob ich dem, der um Hilfe bat,
Was ich ihm geben konnte, gab,
Was ich für ihn tun konnte, tat.
Hab ich das je zuvor gefragt,
Hab ich mir denn nicht selbst gesagt:
Irgendwer kümmert sich schon drum.
Irgendwer wird zuständig sein,
Da misch dich besser gar nicht rein,
Und ausgerechnet du, warum? ...

Reinhard Mey

Ottmar Hörl, 1997

- Beschreibt die Gefühle im linken Text. Was könnte passiert sein? Kennt ihr solche oder ähnliche Gefühle? Was würdet ihr raten? Malt ein Bild dazu, bei dem es vor allem auf die Farbgebung ankommt.
- Das Bild auf der linken Seite zeigt einen jungen Mann, der als Ausdruck der Verzweiflung das Gesicht in seine Hände vergräbt. Welche Gesten fallen euch zum Thema »Schuld* und Verzweiflung« noch ein? Stellt diese Gesten nach, fotografiert sie mit einer Kamera und verfremdet sie gegebenenfalls am Computer.
- Von welchen Schuldabwehrmechanismen ist im Lied von Reinhard Mey die Rede? Warum findet er »seine Ruhe trotz alledem nicht mehr«?
- Auf welche (biblische) Redewendung nimmt die Fotografie des Pop-Art-Künstlers Ottmar Hörl oben Bezug? Welche Haltung steckt dahinter? Vergleiche diese Haltung mit der des Mannes auf dem Gemälde links.

Was ist Schuld? –

Keith Haring, 1986

Schuld* meint im moralischen Sinne einen Verstoß gegen das Gewissen und die sittlichen Normen. Sie setzt die freie Entscheidung des Einzelnen und dessen Einsicht in seine moralische Verantwortung voraus. Führt menschliches Handeln bzw. Unterlassen zu einem Gesetzesverstoß, so handelt es sich um rechtliche Schuld.
Wenn es eindeutig einen Schädiger und einen Geschädigten gibt, spricht man von personaler Schuld. Ist der Schädiger (z. B. Rüstung, Konsum, Werbung) dagegen nicht klar zu identifizieren, liegt eine so genannte strukturelle Schuld vor.
Von dem auf sittlichen Kriterien beruhenden Schuldbewusstsein zu unterscheiden ist das Schuldgefühl im psychologischen Sinne. Dies muss nicht in einem realen Verhältnis zur tatsächlichen Schuld stehen. Als Verdrängung des Wissens um das Geforderte wird es oft unbewusst aufrechterhalten und kann zu Neurosen führen.
Die christliche Ethik fasst Schuld auch als eine Verfehlung gegen Gott auf. Schuldvergebung und Schuldfreiheit sind daher nicht allein durch moralisches Handeln zu erreichen, sondern durch die göttliche Gnade.

Unschuldig kann auch ein Totschläger sein. Schuldlos ist niemand.

Wolfdietrich Schnurre

Es gibt eine Angst davor, sich der Schuld* zu stellen, etwas zuzugeben: ob es sich um eine Schwäche handelt oder um ein anderes Versagen oder eine böse Tat. Gerade weil wir sofort von der Umwelt abgestempelt werden, erscheint es zunächst besser und erfolgreicher, etwas nicht einzugestehen – nicht einmal uns selbst: Schuld sind eben »die anderen«. Wenn in einer Leistungsgesellschaft Menschen schnell als Versager abgestempelt werden, dann übt das einen Druck aus: Keiner darf schuldig sein – aus Prinzip. Eine solche Erwartung ist unmenschlich, weil eben auch Schuld zum menschlichen Leben gehört. So gehört es zum reifen und mündigen Menschen, einerseits mit der eigenen Schuld zu rechnen, andererseits die Schuld und Schwäche anderer nicht zum Vorwand überheblicher Ablehnung zu machen oder zur Rechtfertigung bequemer Vorurteile zu benutzen.

Johannes Gründel

- ▶ In welcher Figur auf dem Bild oben kannst du dich wiederfinden? Verfasse ein Gespräch zwischen dieser Figur und den anderen.
- ▶ Diskutiert in Kleingruppen folgende Themen:
  - Kann man eurer Meinung nach unschuldig schuldig werden?
  - Wie viele Menschen braucht man mindestens, um von Schuld* reden zu können?
  - Für welche Schuld reicht eine Ent-Schuldigung?
  - Wird Schuld durch Strafe wieder gelöscht (z. B. Ladendiebstahl durch Geldstrafe)?
  - Kann man auch schuldig werden, ohne ein Gesetz übertreten zu haben?
  - Wer ist betroffen von den Folgen der Schuld? Kann man sagen, Gott sei betroffen? Wie, denkt ihr, geht Gott mit der menschlichen Schuld um?
  - Wird man nur durch Tun schuldig oder auch durch Nichtstun (»unterlassen«)?
- ▶ Umweltverschmutzung und Ungerechtigkeit in der Welt – ist daran keiner schuld? Oder alle? Diskutiert darüber.

Was ist Sünde?

Das Wort **Sünde*** kommt von »absondern, trennen«. Sünde trennt also von Gott und den Menschen. Wer sündigt, wendet sich ab von der Wirklichkeit, der er sein Leben verdankt.
Nach christlichem Verständnis ist Jesus Christus gekommen, um die Entfremdung zwischen Gott und Mensch aufzuheben und wieder eine neue Gemeinschaft herzustellen. Indem er selbst diese neue Gemeinschaft vorlebte, hat er den Weg der Erlösung von der Sünde gezeigt.
Neue Gemeinschaft mit Gott bedeutet immer auch neue Gemeinschaft der Menschen untereinander.
Damit ist der Vergebung zwischen Menschen immer die göttliche Vergebung vorgeordnet. Vergebung zwischen Menschen ist nur dort praktizierbar, wo sie selbst erfahren wurde.

Die Angst vor der Sünde bringt Sünde hervor; die Angst davor, schuldig zu gelten, lässt schuldig werden. Folge der Sünde ist wiederum die Angst.

Søren Kierkegaard

Sünde ist die Gefühlskälte.

Klaas Huizing

Denn ich tue nicht das Gute, das ich will, sondern das Böse, das ich nicht will. Wenn ich aber das tue, was ich nicht will, dann bin nicht mehr ich es, der so handelt, sondern die in mir wohnende Sünde.
Ich stoße also auf das Gesetz, dass in mir das Böse vorhanden ist, obwohl ich das Gute tun will. Denn in meinem Innern freue ich mich am Gesetz Gottes, ich sehe aber ein anderes Gesetz in meinen Gliedern, das mit dem Gesetz meiner Vernunft im Streit liegt und mich gefangen hält im Gesetz der Sünde, von dem meine Glieder beherrscht werden.

Röm 7,19-23

Immer wieder kommt es mir vor, als ob ich zwei Ichs hätte. Ein Ich, das das Gute will, und ein Ich, das das Böse will. Ein Ich, das für andere da sein möchte, und ein Ich, das nur an sich denkt.
Ein Ich, das sagt: Du bist in Ordnung, und ein Ich, das sagt: Du bist unmöglich. Ein Ich, das an dich glauben möchte, Gott, und ein Ich, das mir den Weg zu dir versperrt.

Petrus Ceelen

- Paul Ceelen beschreibt den Aspekt von Schuld, den man als »Sünde« bezeichnet. Erklärt Sünde mit eigenen Worten.
- Wie ihr oben im Kasten lesen könnt, heißt Sünde »sich absondern (von Gott)«. Welche Handlungen versteht die Bibel darunter (vgl. u. a. Ex 20; Mt 7,12)?
- Schreibt mithilfe der Texte und Bilder dieser Doppelseite einen Artikel über die Dimensionen von und den Umgang mit Schuld und Sünde für ein Jugendlexikon. Stellt den Artikel im Internet zur Diskussion (z. B. im Schülerforum von www.religionvernetzt.de) oder veröffentlicht ihn in der Schülerzeitung.

Datei Bearbeiten Ansicht Favoriten Extras ?

Adresse

Die Welt mit den Augen des anderen sehen

Bibeltext

Perspektivenwechsel

Dilemma

Deutungsangebot

Kunst

Gestaltungsmöglichkeiten

Eine alltägliche Geschichte, wie sie in jeder Familie vorkommt: Der eine Sohn möchte am liebsten von daheim davonlaufen, der andere werkelt fleißig im Betrieb des Vaters mit. Eine nicht ganz alltägliche Geschichte: Der Sohn verlässt tatsächlich die Heimat ...
Die bekannte Parabel vom barmherzigen Vater gehört zu den großen Geschichten der Menschheit. Wer sich näher damit beschäftigt, merkt bald, dass sie sperriger ist, als man auf den ersten Blick meint. Sie kann auf mehreren Ebenen und von verschiedenen Perspektiven aus gelesen und gedeutet werden.

Bibeltext

- Lest Lk 15,11-32.

Perspektivenwechsel

Er wollte schon immer etwas Besonderes sein und konnte sich nicht einordnen. Daheim war's ihm zu spießig. Er wollte in die große weite Welt. »Dann hau doch endlich ab!«, rief ich ihm mehr als einmal im Streit zu.
Eines Tages kam's, wie es kommen musste: In aller Frühe, als wir gerade mit der Arbeit beginnen wollten, stellte er sich vor den Vater: »Vater, ich will weg!« Zunächst war ich wütend. Jetzt, wo so viel Arbeit anstand! Doch ich gestehe: Gleichzeitig kam mir der verlockende Gedanke, dass ich vielleicht einen Unruhestifter loswerden würde. Denn auf mich konnte sich mein Vater verlassen.
»Ich will in die Welt ziehen, etwas erleben, Vater!«, fuhr mein Bruder fort. »Bitte, zahl mir mein Erbteil aus!«

Dilemma

- Versetzt euch in eine Person: den älteren oder jüngeren Bruder oder den Vater. Wie würdet ihr euch in dieser Situation verhalten? Wie würdet ihr argumentieren und was würdet ihr zu den andern beiden sagen? Spielt eure Szene.
- Der Vater zahlt dem jüngeren Sohn sein Erbteil aus und dieser verlässt die Heimat. Schreibt aus der Sicht einer der beteiligten Personen den andern beiden jeweils einen kurzen Brief: Was ich an deiner Haltung nicht verstehe (zwei Argumente), was ich an deiner Haltung verstehen kann (zwei Argumente).
- »Die Welt mit den Augen des anderen sehen«: Lest euch unkommentiert gegenseitig jeweils die Brief-Passagen (vgl. zweiten Arbeitsimpuls) vor, in denen ihr versucht habt, die anderen zu verstehen. Welches Gesprächsklima entsteht beim Vorlesen?

eutungsangebot

)ie Parabel »Vom barmherzigen Vater«, auch bekannt als las »Gleichnis vom verlorenen Sohn«, beginnt man erst o richtig zu verstehen, wenn man sich darüber ärgert. m Lukas-Evangelium wird die Erzählung so eingeleitet: »Weiter sagte Jesus ...« Zuvor hatte er das Gleichnis vom verlorenen Schaf und der verlorenen Drachme erzählt. Anlass war die Empörung der Pharisäer und Schriftgelehrten darüber, dass Jesus mit Sündern, den Verlorenen ılso, Umgang pflegte und mit ihnen aß und trank. Pharisäer und Schriftgelehrte waren fromme Menschen, die hren Glauben sehr ernst nahmen. Ihnen trug Jesus die Geschichte vom Vater und den beiden Söhnen vor. Sie verden sich vermutlich maßlos über diese Geschichte geärgert haben: Das ist doch weltfremd! Einen verlorenen Sünder ohne weitere Bedingung wieder akzeptieren, venn er nur ernsthaft darum bittet! Und so tun, als wäre ichts gewesen und ihn mit dem familiären Siegelring das wäre heute die Scheckkarte mit dem Zugang auf das gesamte Vermögen!) ausstatten! Ja, das stimmt! Das ist veltfremd. Denn schließlich erzählt Jesus mit dieser Geschichte auch von Gott. Dieser Gott übersteigt jede nenschliche Vorstellung von Gerechtigkeit*. Deshalb vird die Geschichte häufig auch überschrieben »Vom barmherzigen Vater«. Er wendet sich radikal (das heißt ohne jede Einschränkung!) denen zu, die verloren sind ınd Hilfe brauchen. Man bekommt immer wieder eine neue Chance. Von Jesus und Gott lernen heißt: sich in len anderen, Schwächeren versetzen und von ihm aus lie Situation beurteilen. Und einander völlig weltfremd mmer wieder eine neue Chance geben.

Kunst

Gestaltungsmöglichkeiten

- Rembrandts Gemälde ist vom Hell-Dunkel-Kontrast geprägt. Wie mit Scheinwerfern angestrahlt, treten die Gesichter der Beteiligten und Zuschauer hervor. Vertieft euch in eine Person und verfasst einen inneren Monolog: Was denke ich über die anderen Personen und die Situation? Welches Verhalten der anderen würde ich mir wünschen?
- Stellt in Gruppen die Szene des Bildes als Standbild nach. Achtet auf die passende Körperhaltung, die Mimik und Gestik. Wechselt die Rollen.
- Kopiert das Bild und übermalt die Kopie. Überlegt, was und wen ihr besonders hervorheben möchtet und wen ihr streichen würdet.
- Sucht andere künstlerische Darstellungen der Parabel, die auch als »Gleichnis vom verlorenen Sohn« bekannt ist, in Kunstkatalogen oder mithilfe von Bildsuchprogrammen im Internet. Vergleicht die Bilder untereinander. Auf welchen Aspekt konzentriert sich der jeweilige Künstler/die jeweilige Künstlerin besonders?
- Der Vater lädt nach der Heimkehr des jüngeren Sohnes zum Fest. Er will auch den grollenden älteren Bruder zum Mitfeiern bewegen (Lk 15,31): Wie könnte die Geschichte enden? Verfasst Dialoge, Texte, Briefe – und versucht wieder, die Perspektive der jeweils anderen einzubeziehen.

Jesus ermöglicht neues Leben

»Auch ich habe Verständnis für das Versagen eines Menschen, aber du gehst zu weit. Wie soll die Achtung vor den Geboten Gottes bestehen bleiben, wenn sie ungestraft übertreten werden dürfen? Man muss jede Form von Schein demaskieren. Die Öffentlichkeit hat ein Anrecht darauf, die volle Wahrheit zu erfahren. Es geht mir nicht darum, irgendjemand bloßzustellen. Aber wer die Leute vor den Lastern warnen will, kommt nun einmal nicht umhin, diese Laster darzustellen, auch wenn er damit viele Menschen schockiert.«

Walter Rupp

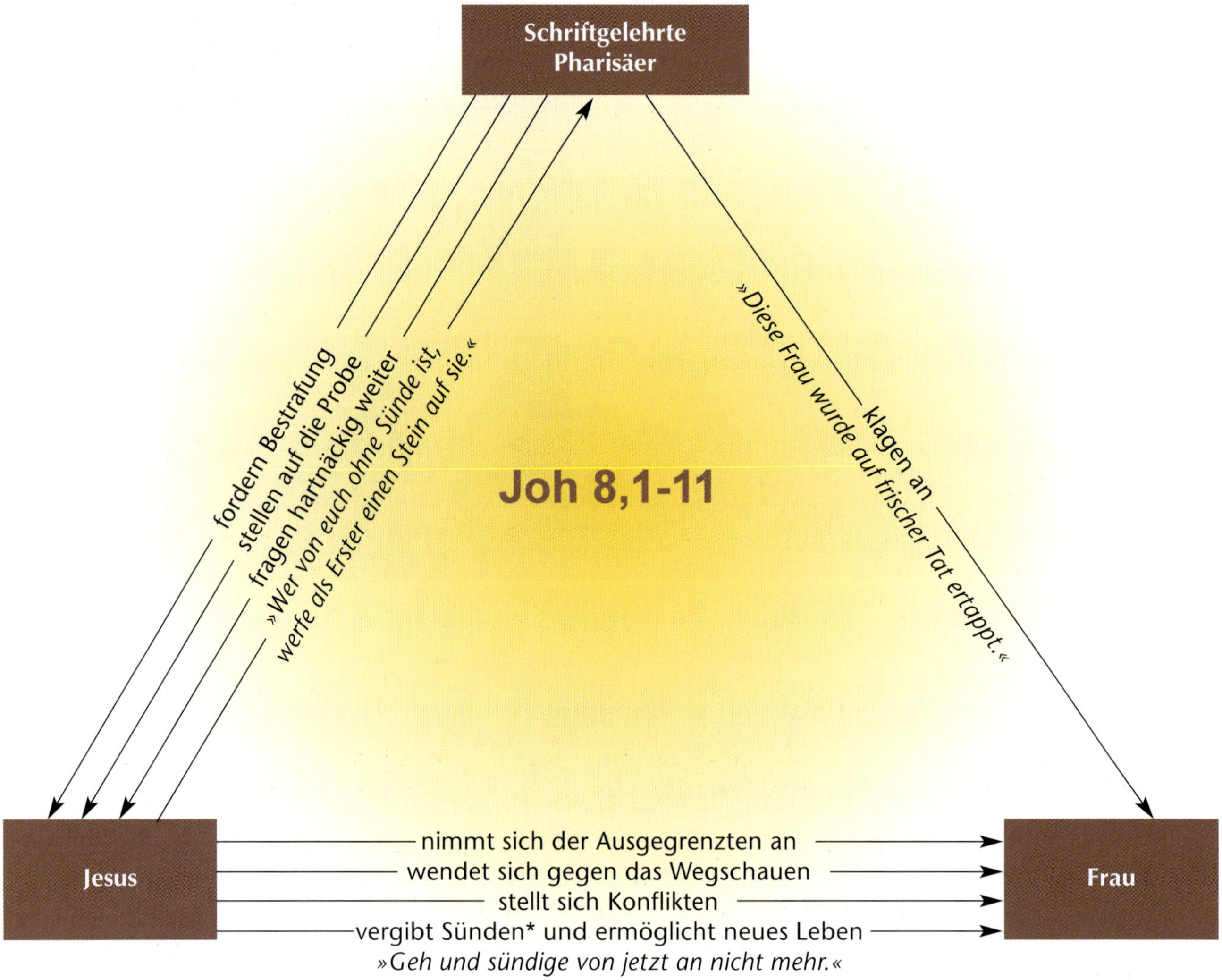

Zeichen im Sand.
Mit dem Finger geschrieben.
Bedenkzeit.
Du brauchst keinen Stein
mehr zu werfen.

Franz Fassbind

»Nun sind sie alle weg. Nur ein Stein liegt noch da. Er hätte der erste sein können. Sie sind weg, aber mir ist, als ob ihr Schreien weiterginge. Und ich zittere am ganzen Leib. Mein Gott, dass mir so etwas passieren konnte!«

Helmut Anselm

Max Beckmann, 1917

- Betrachtet das Bild von Max Beckmann genau und achtet dabei besonders auf die Größenverhältnisse, die Farben und die Körperhaltung sowie die Hände, Gesichter und Augen der dargestellten Personen. Stellt eine vergleichbare Szene aus eurem Alltag als Standbild dar.
- Die Skizze auf der linken Seite stellt das Beziehungsschema der beteiligten Personen in der Geschichte Joh 8,1-11 dar. Lest die Geschichte in der Bibel und dazu die ergänzenden Zitate moderner Autoren. Wer steht mit wem in Konflikt und warum? Welche Lösung des Konflikts bietet der biblische Text? Wird Jesus damit allen Beteiligten gerecht oder geht jemand als Verlierer aus dem Konflikt hervor? Überlegt euch, wie die Beteiligten wohl geredet, gedacht oder gehandelt haben, als sie auseinandergegangen sind.
- Jesus heilt Kranke und vergibt Sünden*, z. B. in Mt 9,1-8, Lk 7,36-50. Lest die biblischen Texte und erstellt dazu ähnlich wie auf der linken Seite zu Joh 8 ein so genanntes »Textsoziogramm«, aus dem die Dialoge, das Handeln untereinander und die Konflikte der einzelnen Personen deutlich werden. Schreibt zu einer der Geschichten eine Textverfremdung, entweder indem ihr sie aus der Perspektive einer der Konfliktparteien erzählt oder euch überlegt, wie die Geschichte hätte weitergehen können: Wie ginge es mir/uns, wenn ... ? Was könnte passieren, wenn auch ich/wir ... ? Schreibt zu einem dieser Textanfänge eine Konflikt- und Hoffnungsgeschichte für heute.

Konfliktkultur

Tipps zur Konfliktlösung zu Hause

Überlegt mal: Wie kommt es eigentlich zu einem Streit bei euch zu Hause?

Am Anfang steht wahrscheinlich ein Interessenskonflikt, über den ihr euch ärgert. Dann kann es sein, dass ihr versucht, in einem Gespräch mit euren Eltern Verständnis zu finden, aber irgendwie »funktioniert« es nicht. Ihr redet aneinander vorbei oder verletzt euch sogar mit Worten. Manchmal beginnt auch einer zu schweigen. Ein schiefgehendes Gespräch über einen Konflikt führt dann zu einem Streit, bei dem man regelrecht gegeneinander kämpft und der zu keiner Lösung führt.
Konflikte zwischen Jugendlichen und ihren Eltern sind nicht selten. Um die Konfliktsituation fruchtbar zu nutzen, müssen die Konfliktpartner/innen eine grundsätzliche Offenheit mitbringen. Es gilt, das Gegenüber nicht gleich zu verurteilen oder aus der »Königsperspektive« zu behandeln, sondern erst mal nur die Unterschiedlichkeit wahrzunehmen. Dann können gemeinsam Lösungen entwickelt werden, die keine aufgezwungenen, faulen Kompromisse sind.

Hilfreich ist es, wenn alle nacheinander aussprechen, was sie an der Situation genau stört bzw. was unannehmbar ist. Wie man sich leicht denken kann, ist eine Situation für den einen annehmbar, für die andere nicht. Du kannst z. B. gut und gerne auf den sonntäglichen Familienspaziergang oder das gemeinsame Abendessen verzichten, jedoch deine Eltern aus bestimmten Gründen nicht. Bei diesem »Abstecken« der Annehmbarkeitsbereiche kommt es auf gutes Zuhören an.

Wenn zwei oder mehrere Personen einen Konflikt* austragen, können sie verschiedene Strategien und Lösungsansätze verfolgen.

- ▶ Tauscht euch in der Gruppe über die Sprechblasen aus. Würdet ihr so diskutieren wollen?
- ▶ Diskutiert jeweils zu zweit: Sind die oben genannten Tipps bei euch zu Hause umsetzbar? Seht ihr Probleme? Sprecht darüber auch mit euren Eltern und Geschwistern oder anderen Familienmitgliedern.
- ▶ Gibt es eigentlich Konfliktlösungen, durch die beide Parteien gewinnen (*Win-Win*-Modell)? Was gehört dazu?
- ▶ Erarbeitet Regeln zur Konfliktlösung für eure Klassengemeinschaft.

Gutes Zuhören nennt man auch »aktives Zuhören«. Das heißt, dass alle Beteiligten ausreden dürfen, bis alles gesagt ist. Als Zuhörer/in sollte man dabei nicht nur aufmerksam zuhören, sondern auch aufpassen, dass die Botschaft ohne Missverständnisse ankommt. Am einfachsten ist es, wenn das Gehörte noch einmal in eigenen Worten zusammengefasst wird. Natürlich kommen im Konfliktlösungsgespräch alle Beteiligten zu Wort und dann sind die jeweils anderen zum aktiven Zuhören gefordert.

Übungen zur Konfliktlösung

Vorurteile aufspüren: Teilt die Klasse in eine Jungen- und eine Mädchengruppe. Jede Gruppe erhält drei Plakate mit den Überschriften »Jungen können nicht ...«, »Mädchen können nicht ...«, »Alte Menschen können nicht ...« Füllt diese zuerst kommentarlos. Sprecht dann in der Gruppe darüber, ergänzt, streicht aus. Diskutiert dann im Plenum.

Widersprüchliche Aussagen: Überlegt euch Situationen, in denen jemand das Gegenteil von dem sagt, was er/sie eigentlich denkt oder fühlt (z. B. wenn Gelangweilte behaupten: »Doch, das macht mir Spaß!«). Stellt diese Situationen in einem Partnerrollenspiel vor: Können auf diese Weise Konflikte vermieden werden?

Körpersprache: Vermittelt Gefühle wie Begeisterung, Langeweile, ohne etwas zu sagen.

Partnerbild: Malt zu zweit ein Bild – ohne Worte.

Auch der/die Sprechende kann natürlich einen Beitrag leisten, indem auf verletzende Worte und Anklagen verzichtet wird und sich niemand auf den Richterstuhl setzt. Gut ist es, so genannte »Ich-Botschaften« zu senden, also »Ich bin so müde und möchte gerne ausruhen« statt »Mach sofort die Musik leiser, du Störenfried!«

Besonders gute Aussicht auf die streitlose Bewältigung eines Konfliktes besteht dann, wenn sich alle um einen Kompromiss bemühen, mit dem auch alle zufrieden sein können (*Win-Win*-Strategie). Man sollte also keine Angst vor Konflikten haben und diesen nicht ständig ausweichen. Jeder Mensch hat eben verschiedene Bedürfnisse, Ansprüche und Vorstellungen. Wenn ein Konflikt nicht verdrängt oder unterdrückt wird, können die Beteiligten viel von- und übereinander lernen.

Streitkultur

Morgens in der Englischstunde ...

Für den Rest der Englischstunde ist erst mal Funkstille zwischen Isabel und Julia. In der Pause gehen die beiden sich aus dem Weg. Da wird aber schon mal über die andere hergezogen ...

Julia und Isabel kamen zu keiner friedlichen Lösung. Am nächsten Tag vereinbarten sie einen Termin bei Christine, einer Streitschlichterin am Gymnasium.

- Beschreibt, warum der Streit zwischen Isabel und Julia von den beiden nicht konstruktiv gelöst wird. Welche Emotionen und subjektiven Denkweisen halten sie gefangen? Warum reagiert Isabel im Treppenhaus so aggressiv?
- Um welche Inhalte könnte es den Streitenden in Wirklichkeit gehen? Wie könnten Julia und Isabel dahinterkommen, was die andere wirklich zu sagen hat?
- Wen könnten Isabel und Julia noch in ihren Streit hineinziehen? Erfindet eine Fortsetzung der Fotostory am nächsten Schultag oder am gleichen Nachmittag.
- Im Lehrerzimmer kommt es nach der Pause zu einer Diskussion: Unter Jugendlichen gibt es oft Reibereien, manchmal sogar Handgreiflichkeiten. Soll man sich als Lehrer/in einmischen? Spielt ein Streitgespräch zwischen Lehrerinnen und Lehrern verschiedener Ansichten.

Die Streitschlichterin

Wenn zwei Streitparteien zu mir kommen, dann ist es wichtig, dass ich keine Partei ergreife und niemanden verurteile. Zu Beginn des Gesprächs muss ich den Anwesenden die Grundregeln des Gesprächs klarmachen und später darauf achten, dass diese auch eingehalten werden. Meine Ausbildung umfasste Methoden, wie man Kommunikation unterstützt und im Fluss hält. Das kann ich erreichen, indem ich mich zuerst als Gesprächspartnerin einschalte, um mich danach schrittweise wieder auszublenden. Die Streitenden sollen die Streitinhalte versachlichen und selbstständig nach Lösungen suchen. Bei Isabel und Julia war nach einer halben Stunde der Streit geschlichtet. In manchen Fällen dauert es länger und ist auch harte Arbeit.
Trotzdem macht mir das Schlichteramt Spaß, weil ich viel über Kommunikation und darüber, wie unterschiedlich Menschen sind, gelernt habe. Ich bin schon drei Jahre Schlichterin und bin immer wieder überrascht, wie gut dieses Verfahren an unserer Schule funktioniert. Immerhin erkennen es außer den Schülern auch Eltern, Lehrer und der Direktor an.

Christine, 15 Jahre

Phasen der Streitschlichtung (Mediation*)

Einleitung

Sichtweisen und Erhellung des Konflikts*

Vorschläge zur Problemlösung

Versöhnung

- ► In der Fortsetzung der Fotostory werden verschiedene Phasen des Schlichtungsgesprächs sichtbar. Beschreibt, was in den Phasen geschieht, oder spielt das Schlichtungsgespräch. Welche Rolle hat der Schlichter/die Schlichterin jeweils übernommen?
- ► Die Schulung in Mediation* ist sinnvoll, weil ein Konfliktgespräch schwierig sein kann. Daher sollte jeder Schlichter/jede Schlichterin gut ausgebildet und auf ein konkretes Gespräch gut vorbereitet sein. Welche äußeren Rahmenbedingungen sollte Christine abgeklärt haben?
- ► Kreiert eine eigene Fotostory zu einem konkreten Schulkonflikt eurer Wahl mit Lösung.

Kultur der Versöhnung

Aus dem Verzeihen leben

Müsste man Gott aus Furcht vor Strafe lieben – es hieße ihn nicht mehr lieben. Gott kommt und hüllt uns in sein Erbarmen. Er webt unser Leben mit den Fäden seines Verzeihens wie ein schönes Kleid. Die Gewissheit, dass er verzeiht, gehört zum Weitreichendsten im Evangelium. Sie macht unvergleichlich frei.
Die stille Betrachtung seiner Vergebung wird zu einem Strahl der Güte in einem ganz einfachen Herzen, das sich führen lässt durch seinen Geist.
Warum solltest du dich mit dem aufhalten, was dir bei dir selbst und den anderen wehtut? Du kennst das Wort eines der ersten Zeugen Christi: »Wenn das Herz uns auch verurteilt – Gott ist größer als unser Herz.«

Jesus lädt dich nie zum Rückzug auf dich selbst ein, sondern zur schlichten Umkehr des Herzens. Was ist Umkehr? Sie ist ein Schritt im Vertrauen, mit dem du deine Fehler auf ihn wirfst. Und schon bist du entlastet, ja befreit und kannst unangefochten im gegenwärtigen Augenblick leben, niemals entmutigt, weil dir stets verziehen wird.
Wer aus dem Verzeihen lebt, kann durch verhärtete Verhältnisse gehen, wie Schmelzwasser sich im ersten Frühling den Weg durch noch gefrorene Erde bahnt.
Das Verzeihen kann unser Herz ändern: Strenges Auftreten, hartes Urteilen verschwinden und lassen unbegrenzter Güte Raum. Und auf einmal liegt uns mehr daran zu verstehen, als verstanden zu werden …

Frère Roger, Taizé

Kirche im Dienst der Versöhnung

Aus christlicher Perspektive genügt nicht nur eine Entschuldigung beim Betroffenen, sondern es ist auch die Versöhnung mit Gott notwendig (vgl. 43).
Die Kirche bietet *Vier-Augen-Gespräche* (Beichte*) an, in denen Priester als vertrauenswürdige Personen zur Verfügung stehen. Der Priester ist verpflichtet, alles Gesprochene für sich zu behalten (Beichtgeheimnis).

Manche Menschen bevorzugen Beicht-Gespräche in anonymer, ritualisierter Form. Der Priester sitzt auf der einen Seite im Beichtstuhl. Der/die Beichtende kommt, kniet nieder und bekennt seine/ihre Sünden, spricht Reue aus. Der Priester hört zu.

- Was ist der Unterschied zwischen Entschuldigung und Versöhnung?
- Versöhnung per SMS? Schreibt unter Verwendung von 82 Zeichen ein annehmbares Versöhnungsangebot.
- Warum kann man heute manchmal vom Missbrauch des Wortes »Entschuldigung« sprechen? Welche ritualisierten Formen der Entschuldigung kennt ihr? Welchen Vorteil haben die Rituale*?
- Lest den Text »Aus dem Verzeihen leben«. Welche Aspekte von Versöhnung scheinen hier auf? Vergleicht mit Mt 5,23f. Was hat Versöhnung mit Gott mit Versöhnung der Menschen zu tun?

Für andere hat sich eine Form des Beichtgesprächs etabliert, die sich äußerlich nicht sehr von einem »normalen« Gespräch in ruhiger Atmosphäre unterscheidet. Der/die Beichtende kann mit dem Priester zusätzlich Lösungsmöglichkeiten und Umstände der Problemsituation auf der menschlichen Ebene durchsprechen.

Das Beichtgespräch unterscheidet sich von anderen Gesprächsformen. Der Priester nimmt im Namen Christi das Bekenntnis der oder des Beichtenden an und spricht sie oder ihn los:

»Gott, der barmherzige Vater, hat durch den Tod und die Auferstehung seines Sohnes die Welt mit sich versöhnt und den Heiligen Geist gesandt. Durch den Dienst der Kirche schenkt er dir Verzeihung und Frieden.
Ich spreche dich los von deinen Sünden im Namen des Vaters und des Sohnes und des Heiligen Geistes.«

Mit der Lossprechung darf der/die Beichtende sicher sein, dass Gott von der Schuld und den Sünden befreit, weil dieser die Menschen liebt. So wird deutlich, dass ein Beichtgespräch nicht nur zwischen zwei Menschen stattfindet, sondern dass es um ein sprechendes Nachdenken geht, in dem der/die Glaubende den Weg zu Gott zurück sucht.
Die Beichte* heißt auch Sakrament* der Versöhnung. In der Kirche gibt es darüber hinaus eine Vielfalt weiterer Formen von Umkehr und Versöhnung. Diese reichen von der zwischenmenschlichen Versöhnung und der persönlichen Gewissenserforschung bis hin zu kirchlich-liturgischen Formen:

Sorgen, Schuldgefühle und Probleme sind auch Thema im *Bußgottesdienst*. Hier finden dann keine Gespräche statt, sondern der/die Betende steht in der Gemeinde vor Gott mit seinen/ihren Gedanken und Gebeten. Buße* dient auch der Sortierung und Ergründung der eigenen Probleme und Unzulänglichkeiten, z. B. durch eine Symbolmeditation.

In jedem *Wortgottesdienst* einer Eucharistiefeier gibt es Texte und Lieder, die die versammelte Gemeinde an ihre Versöhnung mit Gott erinnern: »Kyrie, eleison. Christe, eleison.«*
»Nachlass, Vergebung und Verzeihung unserer Sünden schenke uns der allmächtige und barmherzige Gott.«
»Gott, du bist das Ziel, du zeigst den Irrenden das Licht der Wahrheit und führst sie auf den rechten Weg zurück« (Tagesgebet am 15. Sonntag im Jahreskreis).

- Tauscht euch über die kirchlichen Formen von Versöhnung aus. Sammelt Erfahrungsaussagen. Für welche Lebenslagen sind die Formen geeignet?
- Lest einen Beichtspiegel im Gotteslob und erstellt einen eigenen Fragenkatalog.
- Das Tagesgebet am 15. Sonntag im Jahreskreis nimmt auf den Glauben Bezug, dass Gott sich immer wieder zur Versöhnung mit den Menschen bereit zeigt. Sucht weitere Texte und Lieder, in denen dieser göttliche Wille zur Versöhnung zum Ausdruck kommt.
- Bestimmt könnt ihr in einer Religionsstunde eine Symbolmeditation durchführen. Dazu bieten sich Gegenstände wie Steine, Nägel, Teelichte, Bilder von Türen, Labyrinthe 104, Scherben an. Spürt mithilfe der einzelnen Symbole nochmals nach, welche Erfahrungen und Überlegungen für euch beim Thema »Konflikte, Schuld und Versöhnung« besonders wichtig sind.

Spiel der unvollkommenen Welt

Prüft euer Wissen mit dem Spiel der unvollkommenen Welt!
Vielleicht habt ihr Ideen, wie das Spiel zu erweitern wäre, z. B. durch Ereignisfelder?

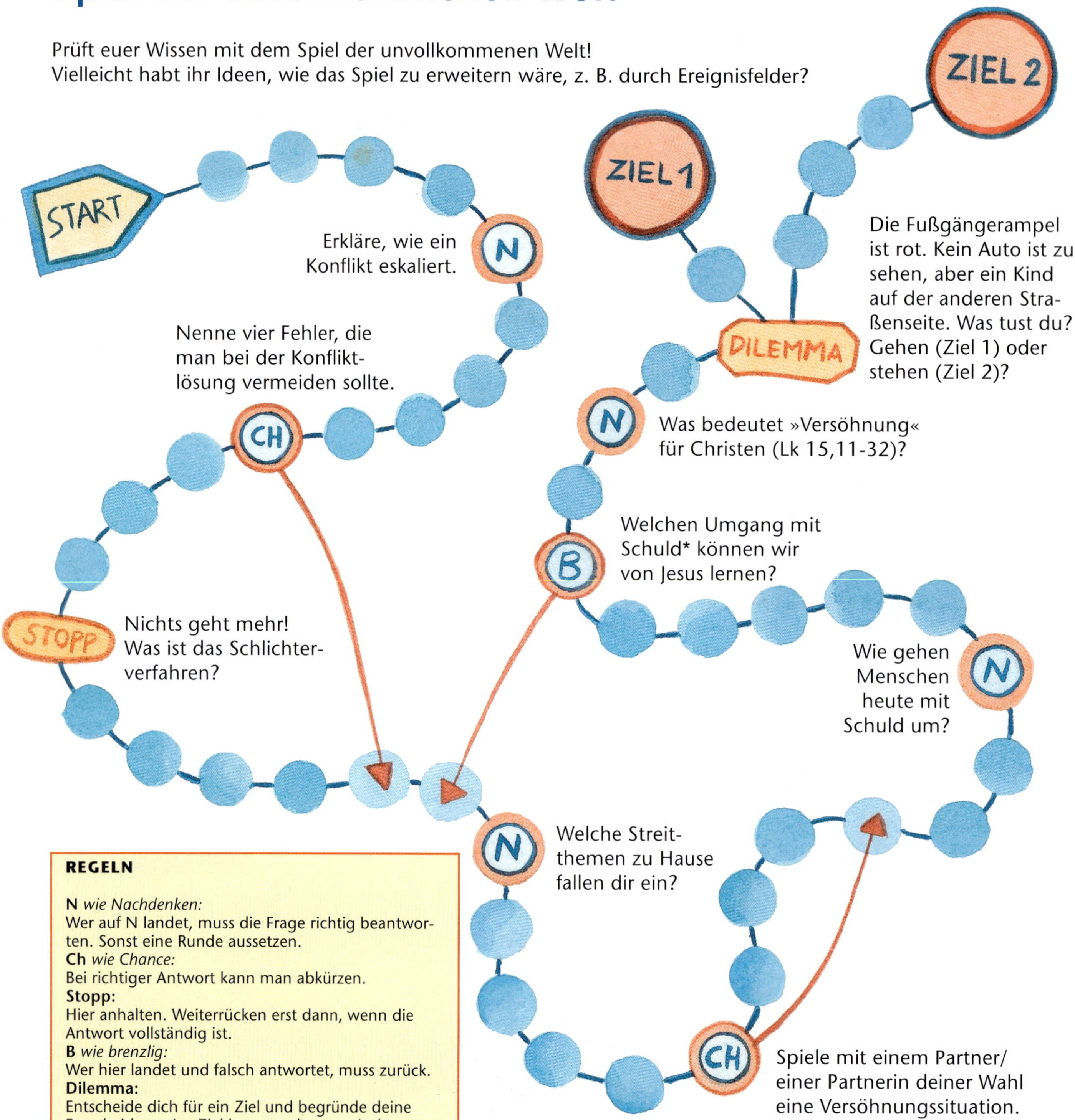

REGELN

N *wie Nachdenken:*
Wer auf N landet, muss die Frage richtig beantworten. Sonst eine Runde aussetzen.
Ch *wie Chance:*
Bei richtiger Antwort kann man abkürzen.
Stopp:
Hier anhalten. Weiterrücken erst dann, wenn die Antwort vollständig ist.
B *wie brenzlig:*
Wer hier landet und falsch antwortet, muss zurück.
Dilemma:
Entscheide dich für ein Ziel und begründe deine Entscheidung. Ins Ziel kommst du nur mit der genauen Augenzahl.

3 Martin Luther – die Sehnsucht nach »Heil«

Sehnsucht nach mehr

Ich denke dies und denke das,
ich sehne mich und weiß nicht recht,
nach was ...

Eduard Mörike

Das kann doch nicht alles gewesen sein,
das bisschen Sonntag und Kinderschrein,
das muss doch noch irgendwo hingehn, hingehn.
Die Überstunden, das bisschen Kies.
Und abends inne Glotze: das Paradies.
Darin kann ich noch keinen Sinn sehn – Sinn sehn.
Das soll nun alles gewesen sein?
Da muss doch noch irgendwas kommen.
Nein, da muss noch Leben ins Leben – Leben ...

Wolf Biermann

Risiko

Es gibt zwei verschiedene Haltungen
Gegenüber dem Leben.
Die eine: Streben nach Sicherheit.
Die andre: Sich über Schicksal und Zeit
Und alles das erheben.

Das Risiko muss man bejahn:
Man arbeitet ohne Seil.
Es macht nichts, wenn man sich außen
verletzt:
Innen bleibt man heil.

Das ist die Haltung der Sucher und Finder:
Nicht auf Sicherheit, auf Sinn eingestellt,
Können sie auf fast alles verzichten,
Nur nicht auf ihren Entwurf von der Welt.

Eva Strittmatter

Krankenversicherung
Unfallversicherung
Lebensversicherung
Rechtsschutzversicherung
Reiserücktrittversicherung
Vollkaskoversicherung
Berufsunfähigkeitsversicherung
Hausratversicherung
Kfz-Haftpflicht-Versicherung

- Die Fotos drücken verschiedene Sehnsüchte* aus. Formuliert Bildunterschriften dafür. Welches Foto spricht dich an?
- Sucht z. B. aus Zeitschriften oder dem Internet ein Bild für eure persönlichen Sehnsuchtsgedanken. Erstellt eine Collage oder Zeichnung zu dem Sehnsuchts-Satz: »Woran du nun dein Herz hängst, das ist eigentlich dein Gott.« (Luther)
- Was versteht ihr unter »Sehnsucht« und »Heil«*? Schreibt eine eigene Definition und vergleicht die verschiedenen Beschreibungen sowie die Definitionen im Lexikon miteinander.
- Welche Sehnsuchts-Orte kennt ihr, an die es heutige Menschen in Scharen zieht? Diskutiert über die Bedürfnisse, die durch Urlaubsreisen, sportliche »Events« oder sonstige Angebote der Erlebnisgesellschaft bedient werden sollen.
- Was haltet ihr von dem Spruch *No risk, no fun*?
- Welche Schadensfälle decken die oben genannten Versicherungen ab? Wogegen kann man sich nicht versichern?
- Lest die Gedichte auf dieser Doppelseite. Welche der darin beschriebenen Stimmungen kennt ihr?
- Stellt die beiden Haltungen, welche die Dichterin in »Risiko« beschreibt, in einem Standbild nach.

Zweierlei Predigt? –

Zu Beginn der Neuzeit richteten sich die Sehnsüchte und Ängste der Menschen nicht nur auf das Diesseits, sondern in besonderem Maße auch auf das Jenseits.
Die Menschen sehnten sich nach Heil und erhofften sich das ewige Leben. Hart wurde darum gekämpft, wie der richtige Weg zum ewigen Leben aussieht. Der Maler Lukas Cranach der Jüngere (1515-1586), ein Anhänger Luthers und Verfechter der Reformation, hat mit seinen Holzschnitten und Gemälden Partei ergriffen für Luther und seine neuen religiösen Ideen. Der abgebildete Holzschnitt ist bekannt unter dem Titel »Zweierlei Predigt«. Durch die Säule in der Mitte wird scharf zwischen der Predigt Luthers über den Weg zum Heil und der Predigt und Praxis der katholischen Kirche getrennt.

- ▶ Vergleicht die Details der linken und rechten Bildhälfte genau. Achtet auf die irdische Ebene und die Sphäre des Himmels.
- ▶ Welche Sakramente entdeckt ihr im Bild?

Ringen um das Heil in der Reformation

Lukas Cranach d. J., 1546

- ▶ Listet auf, was der Maler an der katholischen Kirche kritisiert. Was erhofft er sich von der lutherischen Kirche?
- ▶ Auf welcher Seite sieht der Maler Jesus?
- ▶ Diskutiert, ob die Darstellung fair ist.

Ein Bild befragen

Betrachtet in Ruhe das Bild der Skulptur auf 55. Was kommt für euch zum Ausdruck? Probiert aus, wie sich die Bildwirkung verändert, wenn ihr das Buch dreht und den Mann horizontal gehen lasst. Schreibt Fragen an den Mann auf und versucht Antworten zu finden.

Reisen auf Luthers Spuren

Plant per Internet eine Reise auf den Spuren Martin Luthers. Wichtige Reiseziele findet ihr auf der Karte von 68. Erstellt ein Besichtigungsprogramm für die Reisegruppe. Findet ihr im Internet Bildmaterial für einen attraktiven Reiseprospekt?

Schmökern

Leseratten unter euch erfahren in zwei historischen Romanen mehr über Luther* und seine Frau Katharina:

Eva Zeller, Die Lutherin, München 2002; Asta Scheib, Kinder des Ungehorsams, München 1996.

Lest euch Passagen daraus vor oder setzt sie szenisch um.

Stiftungen

Informiert euch im Lexikon über den Begriff »Stiftungen«* und forscht nach, welche spätmittelalterlichen Stiftungen es in eurer Region gibt. Findet Inschriften oder Porträts der frommen Stifter.

Zeitzeugen

Informiert euch (mittels Lexikon, Bibliothek usw.) über wichtige Persönlichkeiten der Zeit Luthers. Im Internet helfen euch dabei vor allem die Seiten über Luther und Melanchthon. Baut aus den Bildern und Informationen, die ihr zu einer Person finden könnt, eine Pappfigur. Rückt die Figuren zu Gruppen zusammen: Wer gehört zu den Freunden, wer zu den Gegnern Luthers? Schreibt Texte, in denen die Personen sich vorstellen: »Ich bin ...« Ihr könnt aus diesem Personenkreis auswählen:

Katharina von Bora*	*Ex-Nonne, Ehefrau Luthers*
Johannes Calvin	*Reformator*
Johannes Cochläus	*Theologe*
Lukas Cranach	*Maler*
Jakob Fugger	*Kaufmann*
Johann Eck	*Theologe*
Erasmus von Rotterdam	*Gelehrter*
Karl V.	*Kaiser*
Leo X.	*Papst*
Philipp Melanchthon*	*Luthers Freund*
Thomas Müntzer	*Rebell*
Caritas Pirckheimer*	*Äbtissin*
Huldrych (Ulrich) Zwingli	*Reformator*

Steinerne Spuren

Besucht eine katholische und eine evangelische Kirche in eurer Stadt – am besten zusammen mit euren evangelischen Mitschüler/innen. Stellt eine Liste zusammen mit Gemeinsamkeiten und Unterschieden, die euch auffallen, und besorgt euch Hintergrundinformationen. Tauscht euch darüber aus.

Wer weiß noch ...

... was eine Wallfahrt ist?

... über die Bedeutung von Symbolen im Alltag und in der Religion Bescheid?

... was das Wort »Heil«* im religiösen Sinn bedeutet?

Ergänzt euer Wissen durch einen Klick auf www.religionvernetzt.de.

Ökumene* in der Schule ausprobieren

Ladet eure evangelischen Mitschüler/innen und ihren Religionslehrer bzw. ihre Lehrerin zu gemeinsamen Stunden ein über die Reformation und/oder Ökumene. Vergleicht zur Vorbereitung die Lehrpläne für den evangelischen und katholischen Religionsunterricht. Diskutiert die Texte »Typisch evangelisch/typisch katholisch« auf [72] und erstellt eine eigene Liste.
Welche ökumenischen Projekte sind bei euch selbstverständlich (Schulgottesdienste, Zeiten der Stille ...), welche könntet ihr gemeinsam neu anpacken?

Alte und moderne Reliquien

Reliquien* meinen wörtlich »Überreste« eines Menschen, Dinge, die an einen Menschen erinnern. Im Spätmittelalter galten Knochen oder Kleidungsstücke eines oder einer Heiligen als wirkmächtige Reliquien.
Informiert euch im Rahmen einer Kirchenerkundung oder eines Besuches im Diözesanmuseum über die Bedeutung alter Reliquien und Reliquiare. Welche Reliquien gibt es in eurer Heimatgemeinde?
Diskutiert, ob heute Trikots, Autogrammkarten oder andere Gegenstände von Stars für manche Jugendliche eine vergleichbare Bedeutung haben. Wo liegt der Unterschied zur Reliquienverehrung?

Ökumene weltweit kennen lernen

Lernt per Internet den Ökumenischen Rat der Kirchen kennen. Für welche Themen fühlen sich Christinnen und Christen dort gemeinsam verantwortlich? Sucht noch andere ökumenische Organisationen oder Projekte.

Ein Zeitalter im Aufbruch

Den Übergang vom 15. zum 16. Jahrhundert begleiten rasante Umbrüche, sensationelle Entdeckungen, neue Erkenntnisse. Das Wort »Zeitung« bedeutet ursprünglich »Neuigkeit, Nachricht«. Hätte es damals schon Zeitungen gegeben wie heute, hätten die Schlagzeilen so lauten können:

+++ Aus Wissenschaft und Technik +++

Sensationelle Erfindung des Johannes Gutenberg – Bücher drucken statt abschreiben! *(1450)*

Der Traum vom Fliegen – neue Erfindungen des Genies Leonardo da Vinci! *(1452-1519)*

Verrückt? – Astronom Kopernikus behauptet, die Erde drehe sich um die Sonne! *(1512)*

+++ Aus aller Welt +++

Die Erde als Kugel? – Kaufmann Martin Behaim aus Nürnberg baut einen Globus. *(1492)*

Steuert er in den Abgrund? – Christoph Kolumbus sucht Indien im Westen! *(1492)*

Unglaublich! – Kolumbus mit drei Schiffen in Westindien angekommen! *(1492)*

Granada aus Maurenhand zurückerobert – Spanien wieder ganz katholisch! *(1492)*

Der Erste! – Portugiese Vasco da Gama erreicht auf dem Seeweg um Afrika herum Indien! *(1498)*

Eine Neue Welt? – War Kolumbus gar nicht in Indien?

Der Beweis: Die Erde ist rund! – Fernão de Magalhães schafft die erste Erdumseglung. *(1521)*

- ▶ Entwerft einen Geschichtsfries bzw. Zeitstrahl für die Zeit von 1450 bis ca. 1550. Legt ihn so großzügig an, dass ihr weitere Daten aus diesem Kapitel hinzufügen könnt. Schlagt dafür u. a. in euren Unterlagen aus dem Geschichtsunterricht der siebten Klasse nach.
- ▶ Welche der Schlagzeilen interessieren euch besonders? Sucht mehr Informationen dazu und schreibt Zeitungsartikel zu den Überschriften.

Der »Erdapfel« des Martin Behaim, Nürnberg, 1491-93

Orientierungslosigkeit

Verlust

Angst

Globalisierung

Fortschrittsgläubigkeit

Bedrohung

Pessimismus

Neugier

Veränderungswille

Informationsflut

+++ Regionales +++
Flucht in die Städte – immer mehr Menschen verlassen das Land!
Droht der Untergang der Christenheit? – Türken belagern mit riesigem Heer Wien! *(1529)*
Der schwarze Tod – schon wieder Pest-Epidemie, ganze Städte entvölkert!
Kindersterblichkeit nach wie vor sehr hoch!

+++ Kirche aktuell +++
Das Erbe der Waldenser und Franziskaner – müssen Christen arm leben?
Eine Reform der Kirche an Haupt und Gliedern gefordert! – Neue Gedanken auf den Konzilien von Konstanz und Basel/Florenz. *(1415/1438)*
Jan Hus nach Kritik am Papst* in Konstanz auf dem Scheiterhaufen verbrannt! *(1415)*
Die Scheiterhaufen rauchen – Inquisition* in Spanien gegen Mauren, Juden und Ketzer! *(ab 1478)*
Der Grundstein ist gelegt – Papst Julius II. für Neubau der Peterskirche! Bauleitung für St. Peter geht an den berühmten Maler Raffael. *(1506)*

- Vertieft insbesondere die Schlagzeilen zum Thema Kirche und macht euch sachkundig über die Stichworte »Armutsbewegungen«*, »Inquisition«* und »Renaissancepapsttum«*.
- Verfasst ähnliche Schlagzeilen für unsere Gegenwart, ihre Entdeckungen, Entwicklungen, Probleme.
- Wählt aus der Mitte Begriffe aus,
  - welche die Gefühlslage vieler Menschen um 1500 beschreiben könnten;
  - welche die Gefühlslage vieler Menschen im dritten Jahrtausend beschreiben könnten.
- Gibt es Begriffe, die zu beiden Epochen passen?
- Findet ihr noch mehr treffende Begriffe?
- Überlegt: Warum bezeichnet man die Zeit um 1500 als Aufbruchs- oder Übergangszeit in die Neuzeit?

Eine Lebensversicherung für das Jenseits?

Niklaus Manuel, 1516-1520

Dochter jetzt ist schon hie din Stund,
Bleich wirt werden din roter Mund;
Din Lyb, din Angesicht, din Haar und Brüst
Mus alles werden ein fuler Mist.

So drastische Verse hat der Maler Niklaus Manuel (ca. 1485-1530) unter seine Fresken gestellt. Der Bilderzyklus, dem die oberen beiden Bilder auf dieser Doppelseite entnommen sind, heißt »Berner Totentanz« und beschreibt schockierend das Lebensgefühl um das Jahr 1500: Der Tod ist allgegenwärtig. Sein Gesicht droht den Menschen in den seit dem 14. Jahrhundert immer wieder aufflackernden schrecklichen Pestepidemien, in Hungersnöten, Naturkatastrophen, einer hohen Kindersterblichkeit und im gewaltsamen Tod durch Krieg. *Memento mori* – »Denke daran, dass du sterben musst«, lautete das Motto der »Totentänze«, die ein beliebtes Motiv der zeitgenössischen Malerei waren. Die Nähe des Todes ließ die Menschen das Jenseits sehr ernst nehmen. Sie fürchteten sich vor Gericht, Fegefeuer und Höllenstrafen und sehnten sich nach ewigem Heil*. Für dieses Ziel unternahmen sie Wallfahrten zu heiligen Stätten, verehrten Reliquien*, bezahlten fromme Stiftungen* oder erwarben Ablässe.

Wir haben jetzt schon viele Gemeinden in Nord- und Süddeutschland besucht. In den Kirchen sahen wir oft viele Menschen. Aber sie knieten vor allem vor den Heiligenbildern und Reliquienschreinen. Große Scharen beteiligten sich auch an Wallfahrten. Zur heiligen Messe kamen nur ganz wenige ... Die Leute sind fromm, aber sie glauben mehr an seltsame Wundergeschichten, an den Teufel und an Hexen als an unseren Herrn Jesus Christus. Viele sagen: Daran sind die Priester schuld, von denen mehr als genug herumlaufen. Die meisten von ihnen sind verheiratet. Viele haben keine regelmäßigen Einkünfte und leben von dem wenigen Geld, das ihnen die Leute für das Lesen der Messe geben. Fast alle sind schlecht ausgebildet. Anders sieht es bei den höheren Geistlichen aus, vor allem bei den Bischöfen. Sie wohnen in vornehmen Häusern und Schlössern, haben viele Knechte und Mägde und leben in Saus und Braus. Die meisten von ihnen sind zugleich Landesfürsten ...

Aus dem Reisetagebuch eines Franziskaners (um 1509)

Josse Lieferinxe, 1497

- ► Schreibt auf: Was denken die Menschen wohl auf den hier abgebildeten Bildern?
- ► Klärt die Begriffe »Reliquien«*, »Kult«, »Wallfahrt« (vgl. Pinnwand 60 f.). Gibt es auch heute veränderte Formen des Reliquienkultes oder der Wallfahrten?

Historisches Stichwort: Ablass

Unter Ablass versteht man den »Erlass zeitlicher Sündenstrafen«. Dies geht auf das Bußverfahren im frühen Christentum zurück. Ein Sünder musste öffentlich eine Buße* ableisten und wurde aus der Gemeinschaft ausgeschlossen, ehe er von seinen Sünden* losgesprochen wurde. Wenn nun diese Bußleistungen (nicht aber die Sünden selbst) erlassen wurden, sprach man von »Ablass«. Als Gegenleistung für einen Ablass musste man gute Werke tun, eine Wallfahrt oder Gebete verrichten oder auch Geld für die Armen spenden. Der Ablass sollte nicht die Umkehr ersetzen, sondern setzte sie eigentlich voraus.

Mit dem Beginn des 16. Jahrhunderts wurde der Ablass als bequeme Geldquelle für die Kirche missbraucht. Der Hintergrund: Für den Neubau der Peterskirche in Rom war ein Ablass ausgeschrieben worden. Papst* Leo X. erlaubte Albrecht, dem Erzbischof von Mainz, den päpstlichen Ablassbrief zu vertreiben. Mit dem Ablasshandel beauftragt wurde u. a. der Dominikaner Johann Tetzel (1465-1519). Er predigte in der Magdeburger Gegend auf marktschreierische Weise, sodass ihm Massen zuliefen, um für sich oder für verstorbene Angehörige den Ablass der Sündenstrafen auch im Fegefeuer zu erkaufen. Denn man glaubte, dass die Toten dort die Strafen für ihre Sünden abbüßen müssen. Mit dem Kauf eines Ablassbriefes glaubte man das ewige Heil* gesichert.

Niklaus Manuel, 1516-1520

Ein Mönch namens *Martin Luther** kritisierte den Ablasshandel scharf. Er verfasste auf Latein 95 Thesen gegen den Ablass und verschickte sie an gelehrte Theologen, um mit ihnen darüber zu diskutieren. Am *31. Oktober 1517* soll Luther seine Thesen, die rasch bekannt wurden, an das Tor der Wittenberger Schlosskirche geheftet haben. Dieses Datum gilt als *Beginn der Reformation**.
Im Folgenden sind einige von Luthers Thesen zitiert:

Es irren alle Ablassprediger, die sagen, durch den Ablass des Papstes werde der Mensch frei von aller Strafe und selig.

Menschenlehre predigen die, die sagen: »Wenn die Münze im Kasten klingt, die Seele aus dem Fegfeuer springt.« Sicher ist, dass wenn die Münze im Kasten klingt, Gewinn und Habgier zunehmen können; die Fürbitte der Kirche aber steht allein im Ermessen Gottes.

Auf ewig verdammt wird sein samt seinen Lehrmeistern, wer seiner Seligkeit durch Ablassbriefe sicher zu sein glaubt. Jeder Christ, der wahre Reue empfindet, hat vollkommenen Nachlass von Strafe und Schuld* auch ohne Ablassbriefe.

Warum baut der Papst, dessen Reichtum heute größer ist als der des reichen Crassus, nicht wenigstens die eine Peterskirche lieber von seinem eigenen Geld als von dem der armen Gläubigen?

Martin Luther

- ▶ Entwickelt eine Spielszene, in der Zeitgenossen Luthers über die Ablasspraxis diskutieren.
- ▶ Vergleicht unser heutiges Bedürfnis nach Absicherung, z. B. durch Versicherungen, mit dem Bedürfnis eines Menschen, der sich einen Ablassbrief gekauft hat. Welche Parallelen, welche Unterschiede entdeckt ihr?

Ein Gottsucher – Martin Luther

Lukas Cranach d. Ä., 1522-1524

Wer war dieser Martin Luther*? Mit 22 Jahren war er gegen den Willen seiner strengen Eltern und trotz des Gespötts seiner Mitstudenten Mönch geworden. Er hatte im Jahr 1505 auf freiem Feld ein schlimmes Gewitter erlebt und, als ein Blitz in seiner Nähe einschlug, in Todesangst gelobt, Mönch zu werden. Der hochbegabte Theologiestudent Martin Luther war ein besonders eifriger Mönch: Rigoros widmete er sein Leben dem Beten, Fasten und Studieren, aber immer fühlte er, dass all sein Bemühen nicht ausreichte, um Rechtfertigung* bei Gott zu erlangen. Wie sehr er sich auch quälte, musste er doch immer ein Sünder bleiben und Angst vor Gottes Strafgericht haben. Wie sollte er sein ewiges »Heil«* finden, nach dem er sich so sehnte? Im Glauben und der Theologie seiner Zeit fand er keine Antwort auf seine allerwichtigste Frage.

Luther hat viele Lieder getextet. In einem beschreibt er in Anlehnung an Ps 130 seine Ängste und Hoffnungen:

2. Bei dir gilt nichts denn Gnad und Gunst,
die Sünde zu vergeben;
es ist doch unser Tun umsonst
auch in dem besten Leben.
Vor dir niemand sich rühmen kann,
des muss dich fürchten jedermann
und deiner Gnade leben.

3. Darum auf Gott will hoffen ich,
auf mein Verdienst nicht bauen;
auf ihn mein Herz soll lassen sich
und seiner Güte trauen,
die mir zusagt sein wertes Wort;
das ist mein Trost und treuer Hort,
des will ich allzeit harren.

Luther schildert im Nachhinein seine befreiende Entdeckung, die man auch das »Turmerlebnis« oder die »reformatorische Wende« nennt. Beim Studium des Römerbriefs erkennt er:

Ich hasste dieses Wort »Gerechtigkeit* Gottes«, denn ... ich war gelehrt worden, es philosophisch zu verstehen, von der so genannten »formalen« oder »aktiven« Gerechtigkeit, durch die Gott gerecht ist und die Sünder und Ungerechten straft. Ich aber konnte den gerechten, den Sünder strafenden Gott nicht lieben, hasste ihn vielmehr.
Da erbarmte sich Gott meiner. Unablässig sann ich Tag und Nacht, bis ich auf den Zusammenhang der Worte merkte, nämlich: »Die Gerechtigkeit Gottes wird im Evangelium offenbar, wie geschrieben steht: Der Gerechte lebt seines Glaubens.«
Da fing ich an, die Gerechtigkeit Gottes als eine solche Gerechtigkeit zu begreifen, durch die »der Gerechte als durch Gottes Geschenk lebt«, d. h. also »aus Glauben«, und merkte, dass dies so zu verstehen sei: »Durch das Evangelium wird die Gerechtigkeit Gottes offenbar«, nämlich die so genannte passive, d. h. die, durch die uns Gott aus Gnaden und Barmherzigkeit rechtfertigt durch den Glauben ...
Nun fühlte ich mich ganz und gar neugeboren: die Tore hatten sich mir aufgetan: ich war in das Paradies selber eingegangen.
Da zeigte mir sogleich auch die ganze Heilige Schrift ein anderes Gesicht, z. B. »Werk Gottes« bedeutet: das Werk, das Gott wirkt, »Kraft Gottes«: die Kraft, damit er uns kräftig macht, »Weisheit Gottes«: die Weisheit, durch die er uns weise macht. Ebenso ist es mit »Stärke Gottes«, »Heil Gottes«, »Herrlichkeit Gottes«.
Wie ich zuvor das Wort »Gerechtigkeit Gottes« mit allem Hass hasste, so erhob ich nun mit heißer Liebe das gleiche Wort als süß und lieblich über andere.

Das Lutherhaus in Wittenberg, in dem Luther sein »Turmerlebnis« hatte.

Vor Gottes Richterthron

- Lest den Text des Luther*-Liedes »Aus tiefer Not«. Schreibt einen Brief des jungen Mönchs Luther an seine Eltern, in dem er von seinen Ängsten und Gewissensnöten berichtet.
- Welches neue Gottesbild besingt der Gottsucher Martin Luther in seinem Lied?
- Legt eine Liste an: Was bedeutet »Gerechtigkeit* Gottes« für Luther, was bedeutet es nicht?
- Löst das Rätsel der Karikatur »Vor Gottes Richterthron«. Welche der rechts abgestellten Gewichte gehören nach Luthers Ansicht in die leere Waagschale, damit der Mensch vor Gott bestehen kann?
- Schreibt eine kurze Predigt Luthers *nach* seiner reformatorischen Wende über die Bibelverse Röm 9,16 und/oder Röm 5,8f.

Geächtet, gejagt, geliebt – Luthers Leben

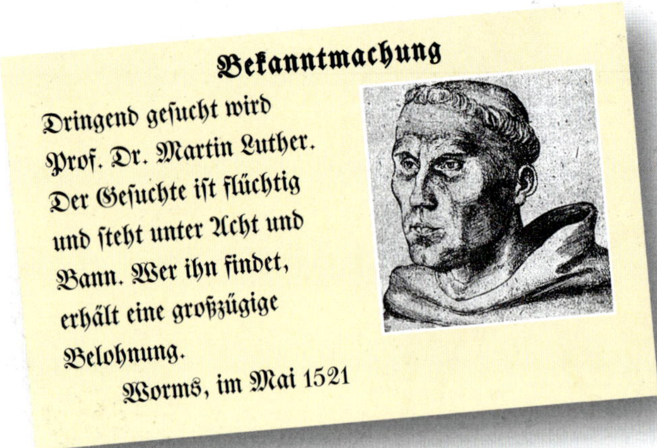

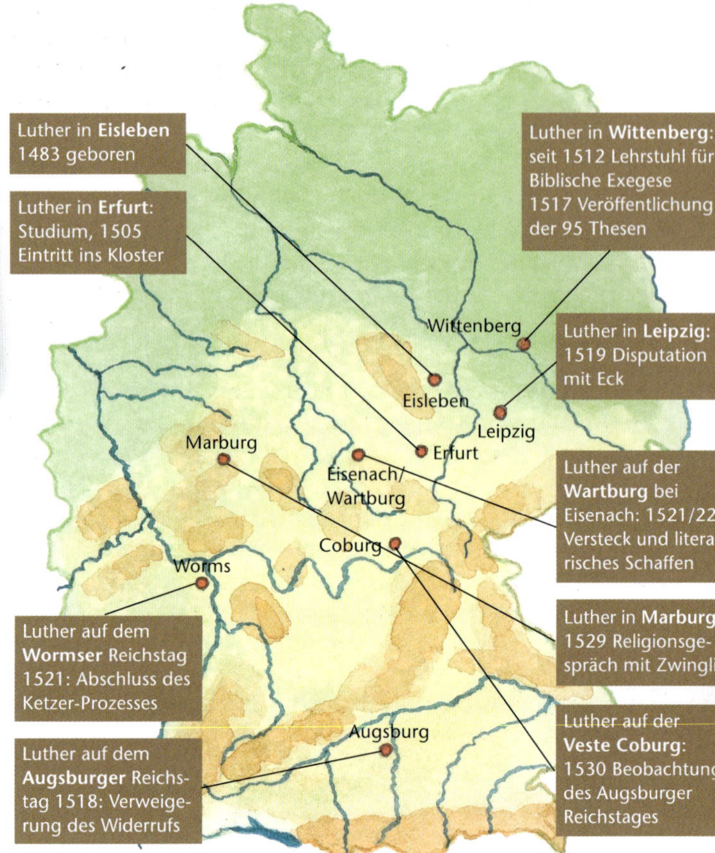

Luthers* Leben nahm nach der Veröffentlichung seiner 95 Thesen eine dramatische Wende:

Vita bis 1517:
Luther wurde am 10. November 1483 in Eisleben geboren. Er besuchte die Schule in Mansfeld, Magdeburg und Eisenach. Von 1501 an studierte er *Artes liberales** und Recht an der Universität Erfurt. Im Sommer 1505 trat er in das Kloster der Augustiner-Eremiten ein, im Jahr 1507 wurde er zum Priester geweiht und studierte danach Theologie. 1510/11 reiste er im Auftrag des Ordens nach Rom. Im Oktober 1512 promovierte er in Theologie und hielt von da an in Wittenberg als Professor Vorlesungen über die Bibel.

Vita nach der Veröffentlichung der 95 Thesen (31. Oktober 1517):
1518 wurde Luther vom römischen Legaten, Kardinal* Cajetan, in Augsburg verhört. Er weigerte sich, seine ketzerischen Thesen zu widerrufen, und floh nach Wittenberg. 1519 disputierte er in Leipzig öffentlich mit Johannes Eck und bestritt die Unfehlbarkeit des Papstes und eines Konzils. 1520 drohte der Papst* in der Bulle* *Exsurge Domine* dem rebellischen Professor den Kirchenbann* an. Luther verbrannte die Bulle öffentlich in Wittenberg und schrieb die Kampfschriften »Von der babylonischen Gefangenschaft der Kirche«, »An den christlichen Adel deutscher Nation von des christlichen Standes Besserung« und »Von der Freiheit eines Christenmenschen«. Im Januar 1521 wurde der Bann über Luther verhängt; Luther wurde vor den Reichstag nach Worms geladen und verweigerte dort erneut den Widerruf. Daraufhin wurde im Wormser Edikt die Reichsacht* über ihn verhängt. Kurfürst Friedrich der Weise, Luthers mächtiger Gönner, ließ ihn nach seiner Abreise aus Worms nahe Gotha von Reitern überfallen und aus seiner Kutsche entführen. Unter dem Decknamen »Junker Jörg« versteckte er ihn auf der Wartburg. In seinem Versteck übersetzte Luther 1521 in nur elf Wochen das Neue Testament, später auch das Alte. Seine Übersetzung der Bibel ins Deutsche war von gewaltiger Bedeutung. Beim Übersetzen aus dem Hebräischen und Griechischen musste Luther viele deutsche Wörter neu erfinden oder ihnen eine neue Bedeutung geben. Er wollte »dem Volk aufs Maul schauen« und machte so das Hochdeutsche zur Schriftsprache. Dank des neuen Buchdrucks wurde die Luther-Bibel wie alle Schriften Luthers rasch und weit verbreitet.

Katharina von Bora

Claire Cox als Katharina im Film »Luther«

Ich heiße Katharina von Bora und bin Luthers* Frau. »Herr Käthe« haben mich Spötter genannt, weil ich angeblich das Regiment führe in dem anfangs völlig verwahrlosten Haushalt des berühmten Doktors in Wittenberg. Es war aber auch nötig, dass sich da jemand um das Praktische kümmerte! Ständig gelehrte Gäste, aber kaum Geld im Haus! Gab das einen Skandal in unserem Städtchen, als der Ex-Mönch Martinus im Jahr 1525 eine Ex-Nonne heiratete! Ja, Luther war von seinem Versteck auf der Wartburg nach Wittenberg zurückgekehrt und hatte seine Mönchskutte abgelegt. Und ich war mit anderen jungen Nonnen bei Nacht und Nebel aus dem Kloster geflohen. Wir hatten Luthers Schriften gelesen und waren begeistert! Martin Luther ist meine große Liebe. Viel haben wir zusammen durchgestanden: die vielen Anfeindungen und Streitereien um die Reformation*; Martins schwere Krankheiten, wir fürchteten einmal schon um sein Leben, doch ich wusste ihn mit Gottes Hilfe zu heilen; die furchtbare Pest in unserer Stadt im Sommer 1527. Wir hatten uns entschieden zu bleiben; die Geburt unserer sechs Kinder Johannes, Elisabeth, Magdalene, Martin, Paul und Margarete. Zwei unserer Kinder starben früh, Elisabethchen mit einem halben Jahr, Magdalene mit 14. Darüber sind mein Mann und ich nie ganz hinweggekommen. Als mein Martin am 18. Februar 1546 todkrank wurde und starb, konnte ich nicht bei ihm sein, denn er befand sich auf einer Reise in Eisleben. Nun bin ich allein mit meinen Kindern und Pflegekindern, es ist kalt um mich. Man hat mir die letzten Worte meines Mannes berichtet: »Wir sind Bettler. Das ist wahr.«*

Luther (Joseph Fiennes) übersetzt auf der Wartburg das NT (Filmszene).

Luther wollte nie eine neue Kirche gründen, sondern die Re-Formation, d. h. Erneuerung der christlichen Kirche. Mit seinem Großen und Kleinen Katechismus* von 1529 legte er die Grundlage für diesen »reformierten« Glauben. Für Christen gelten nach Luther vier Grundsätze:

sola fide:	allein durch den Glauben;
sola gratia:	allein (Gottes rechtfertigende) Gnade;
solus Christus:	allein (Jesus) Christus;
sola scriptura:	allein die (Heilige) Schrift.

- ▶ Lest einen Bibeltext, z. B. Ps 23 in der Lutherbibel und vergleicht ihn mit der Einheitsübersetzung.
- ▶ Informiert euch z. B. im Internet gründlicher über Luthers Leben und Werk. Schreibt die wichtigsten Daten in euer Heft. Erstellt daraus ein Luther-Quiz und löst es in der Klasse.
- ▶ Entwerft die Skizze eines Drehbuchs für einen Luther-Film. Schaut den Film »Luther« (2003) an und vergleicht ihn mit euren Vorüberlegungen und Erwartungen. Informiert euch im Lexikon über Papst Hadrian VI. und überlegt, warum er im Luther-Film nicht vorkommt.
- ▶ Betrachtet die Lutherbilder in diesem Kapitel und sucht weitere historische Porträts von Luther. Welche verschiedenen Facetten dieses Mannes werden ausgedrückt?

Die Kirchenspaltung

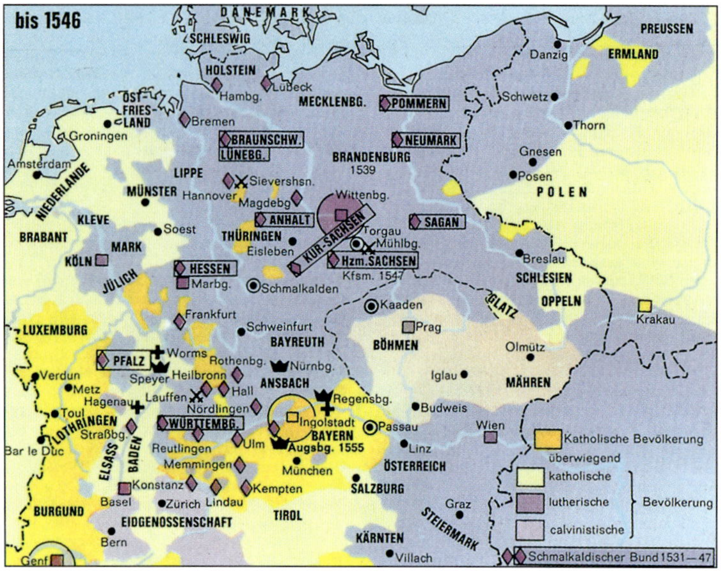

Die Reformation in Deutschland

Wittenberg, das Zentrum der Reformation*

Trotz des Wormser Edikts gegen ihn wirkt Luther zusammen mit Melanchthon in Wittenberg, dem so genannten »deutschen Rom«. Sie schaffen die lateinische Messe, das Zölibat, die Marien- und Heiligenverehrung und die Sakramente* Ehe, Firmung, Priesterweihe und Krankensalbung ab. Früh schließt sich die Reichsstadt Nürnberg der Reformation an mit ihren Künstlern Albrecht Dürer und Hans Sachs.

Ganz Deutschland ist in hellem Aufruhr. Neun von zehn rufen »Luther« und die Übrigen, falls ihnen Luther gleichgültig ist, wenigstens »Tod der römischen Kurie«, und jeder verlangt und schreit nach einem Konzil.*

Aus einem Bericht des päpstlichen Gesandten Hieronymus Aleander nach Rom von 1521

Weitere Zentren der Reformation

In Straßburg wirkt Martin Bucer als Reformator, in der Schweiz Huldrych Zwingli und Johannes Calvin. Sie haben noch radikalere Reformvorstellungen als Luther: Während dieser die reale Gegenwart Christi im Abendmahl lehrt, ist Christus für Zwingli nur symbolisch in Brot und Wein präsent. So entstehen zwei große reformatorische Richtungen, die Lutheraner und die Reformierten um Zwingli und Calvin.

Ich glaube, ja ich weiß, dass alle Sakramente keine Gnade übertragen, ja, sie bringen sie nicht einmal mit sich oder vermitteln sie. Hier werde ich dir, allmächtiger Kaiser, vielleicht zu kühn erscheinen, aber meine Ansicht steht fest. Denn die Gnade kommt vom göttlichen Geist … Eine Leitung oder ein Vehikel braucht der Geist nicht.

Huldrych Zwingli an Karl V., 1530

Reform statt Spaltung?

Viel ist spekuliert worden, ob eine Kirchenspaltung hätte verhindert werden können, wenn die Päpste* des 16. Jahrhunderts (vgl. Renaissancepapsttum*) Luthers Anliegen entgegengekommen wären. Es gab sogar einen Papst, der dies versucht hat. Papst Hadrian VI.*, 1522 neuer Papst geworden, hatte dem Reichstag 1522 in Nürnberg folgende selbstkritische Botschaft in Sachen Luther – überbracht durch einen Stellvertreter – zukommen lassen:

Wir alle, Prälaten und einfache Priester, sind vom rechten Weg abgewichen. Es gab schon lange keinen einzigen, der Gutes tat. Deshalb müssen wir alle Gott die Ehre geben und uns vor ihm demütigen: Ein jeder von uns soll darüber nachdenken, weshalb er gefallen ist. Jeder soll sich lieber selbst richten, als dass er am Tag des Zorns, am Jüngsten Tag, von Gott gerichtet werde! Deshalb sollst du (gemeint ist der päpstliche Legat, der diese Botschaft überbrachte) *als mein Stellvertreter in meinem Namen versprechen, dass ich allen Fleiß anwenden will, damit zuerst der römische Hof, von dem wohl alle diese Übel ihren Anfang genommen haben, gebessert werde. Danach wird, wie von hier aus die Krankheit ausgegangen ist, auch von hier aus die Gesundung beginnen. Diese Gesundung in Gang zu setzen, fühle ich mich tief verpflichtet, weil die ganze Welt eine solche Gesundung, eine solche Reform begehrt.*

Die Spaltung ist besiegelt

1530 Reichstag zu Augsburg
Ein letzter Einigungsversuch in der Kirchenfrage scheitert. Wegen seiner Ächtung darf Luther nicht teilnehmen, sondern befindet sich auf der Veste Coburg. Melanchthon* stellt mit der *Confessio Augustana* das erste öffentliche evangelische Glaubensbekenntnis vor. Zahlreiche deutsche Landesherren führen die Reformation ein.
Die Trennung von katholischer und lutherischer Kirche ist besiegelt, auch wenn bei den Religionsgesprächen von Hagenau, Worms und Regensburg (1540/41) ein letzter Versuch unternommen worden ist, theologisch zu einer Einigung zu gelangen. Der Prozess der Konfessionalisierung schreitet voran.

Weiter wird gelehrt, dass wir Vergebung der Sünde und Gerechtigkeit vor Gott nicht erlangen können durch unsere Verdienste, … sondern dass wir Vergebung der Sünde bekommen und vor Gott gerecht werden aus Gnade um Christi willen durch den Glauben …*

Confessio Augustana

1545-1563 Konzil von Trient*
Im mehrfach unterbrochenen und sich lange hinziehenden Konzil – die protestantischen Reichsstände nahmen nur anfangs teil – bemüht sich die katholische Kirche um Reformen und grenzt sich klar vom evangelischen Bekenntnis ab. Das Konzil war der Höhepunkt der »katholischen Reform«, auch Gegenreformation* genannt, welche die Erneuerung und die Einheit der Kirche wollte. Im 16. Jahrhundert arbeiteten herausragende Personen der katholischen Kirche daran, die Missstände zu bekämpfen und die Kirche mit neuem Geist zu beleben, z. B. der italienische Theologe Karl Borromäus, der Gründer des Jesuitenordens Ignatius von Loyola, der Jesuit und Missionar Franz Xaver und die Mystikerin und Kirchenlehrerin Teresa von Ávila.

Wie sehr es auch notwendig ist, zu glauben, dass die Sünden (nicht) vergeben werden …, es sei denn ohne Verdienst durch göttliche Barmherzigkeit um Christi willen, muss man gleichwohl sagen, dass keinem, der auf … Gewissheit in Bezug auf die Sündenvergebung pocht und es schon damit gut sein lässt, die Sünden vergeben werden.*

Trienter Konzil

1546/47 Schmalkaldischer Krieg
1547 verbündete sich Kaiser Karl V. mit dem Papst, Bayern und dem Herzogtum Sachsen, um sich dem inneren Feind der Reichseinheit entgegenzustellen – der Reformation. Die Schlacht wurde zugunsten der kaiserlich-katholischen Truppen entschieden.

1555 Augsburger Religionsfriede*
Die politische Lösung des Religionsstreites lässt sich auf die Formel *cuius regio, eius religio* bringen, d. h. der Landesherr entscheidet über die Religion seines Landes. Die Untertanen müssen entweder seine Konfession* annehmen oder auswandern. Der Religionsfriede hält gut 60 Jahre bis zum 30-jährigen Krieg (1618-1648).

Pergamentlibell, auf dem der Augsburger Religionsfriede festgeschrieben wurde.

- Informiert euch über weitere reformatorische Bewegungen, z. B. Calvinisten, Hugenotten, Anglikaner, Wiedertäufer.
- Welchen Unterschied macht es, wenn man von »Gegenreformation«* oder von »katholischer Reform« spricht?
- Recherchiert, wie sich Katholiken bzw. Protestanten in Deutschland prozentual in den Bundesländern verteilen. Entwerft daraus eine aktuelle konfessionelle Landkarte Deutschlands.
- Forscht nach, für welche Konfession* sich der Landesherr eurer Region nach 1555 entschieden hat.
- Spielt ein Gespräch von Untertanen über die Frage, ob sie die Konfession ihres Herrn annehmen sollen.

Die Trennung überwinden

+++ Lest mich zuerst! +++
Bevor ihr euch intensiver mit dieser Seite beschäftigt, versucht euch zu erinnern: Seit wann weißt du eigentlich, dass du katholisch bist? Wodurch wurde dir das bewusst?

Ein evangelischer Professor: »Typisch katholisch«

Typisch katholisch sind für mich die süddeutschen Volksfeste und der rheinische Karneval, der weihnachtliche Segen des Papstes* in unzähligen Sprachen, die Auseinandersetzung um die Befreiungstheologie und um das Erbe des Zweiten Vatikanischen Konzils* ... Katholisch ist der weltweite Horizont und katholisch ist die äußere Erscheinungsform des Glaubens, die keinen so leicht kalt lässt.
Die alten Formen wie Niederknien, Händefalten, Kreuzschlagen fügen sich ins tägliche Leben ein wie Schlafengehen, Aufstehen, Anziehen, Lernen, Spielen ... Typisch katholisch ist es, die Form zu schätzen und von diesem Prinzip her zu verbessern. Typisch evangelisch ist es eher, jeglicher Form zunächst einmal zu misstrauen: Dadurch ist immer die persönliche Echtheit gefährdet.

Michael Meyer-Blanck

Ein katholischer Professor: »Typisch evangelisch«

Früher hatte man es mit den Unterscheidungen scheinbar leichter: Die Katholiken unter meinen Mitschülern waren an den »katholischen Knien« zu erkennen, die Evangelischen an der eigenen Art, wie sie Bibelverse auswendig lernten und in jeder Lage zitieren konnten ... Die katholische Marien- und Heiligenverehrung beispielsweise stieß bei den Evangelischen auf schieres Unverständnis, über Beichtstuhl und Fronleichnam gab es milden Spott. Vor allem waren evangelische Kirchen wochentags geschlossen und in ihrer Nähe fand sich kaum ein Wirtshaus. All das schien den wechselseitigen Eindruck zu bestätigen: »Sie haben eben doch nicht ganz den richtigen Glauben.« So war es damals. Das meiste hat sich, Gott sei Dank, inzwischen als Vorurteil erwiesen!

Walter Fürst

Versöhnung der Konfessionen?

»Wenn das hohe, typisch evangelische Engagement für das »Hören des Wortes« und die beharrliche, typisch katholische Vorliebe für das »Sehen der Zeichen« einander nicht einfach gegenübergestellt, sondern im Glauben an die Einheit von »Wort und Sakrament« zusammengesehen werden, dann kann man der These zustimmen, dass »evangelisch« und »katholisch« letztlich zwei unverzichtbare Aspekte des Christseins sind, die einander brauchen und sich gegenseitig ergänzen.«

Walter Fürst

► Notiert in einer Tabelle, was typisch evangelisch bzw. typisch katholisch ist. Ergänzt die Beispiele aus den Texten, indem ihr evangelische und katholische Mitschüler/innen und Erwachsene dazu befragt. Überlegt dann: Welches Stichwort gehört zum Kern der jeweiligen Konfession*? Welches beschreibt ein Vorurteil?

Alle sollen eins sein

»Aber ich bitte nicht nur für diese hier, sondern auch für alle, die durch ihr Wort an mich glauben. Alle sollen eins sein: Wie du, Vater, in mir bist und ich in dir bin, sollen auch sie in uns sein, damit die Welt glaubt, dass du mich gesandt hast.«

Aus dem »Testament Jesu« (Joh 17,20f.)

Ökumene

Menschen,
die miteinander die Zeit bedenken,
die voreinander Fehler zugeben,
die sich nichts vormachen.

Menschen,
die das Leben anderer achten,
die ihre Vorurteile bekämpfen,
die Andersartige verstehen wollen.

Menschen,
die sich nicht überschätzen,
die sich nicht unterschätzen,
die Frieden machen -

Ökumene
ist eine Gesinnung.

Eckart Bücken

Ein fliegender Wurstring? Nein, ein moderner Heiligenschein über Besuchern des ersten Ökumenischen Kirchentages in Berlin 2003 unter dem Motto »Ihr sollt ein Segen sein«.

Stichwort »Ökumene«
Das griechische Wort »Ökumene« meinte den ganzen bewohnten Erdkreis. In der ökumenischen Bewegung des 20. Jahrhunderts bemühen sich Christen verschiedener Konfessionen* um die Einheit ihres Glaubens und suchen die Gemeinsamkeiten. Das gemeinsame Glaubensbekenntnis zum Gott Jesu Christi und das Sakrament der Taufe verbinden z. B. katholische und evangelische Christen eng. Den Stand der ökumenischen Gespräche dokumentiert die *Charta Oecumenica,* die auf dem ersten ökumenischen Kirchentag 2003 in Berlin unterzeichnet wurde. Auch den Dialog zwischen den Weltreligionen bezeichnet man als »ökumenisch«, daher kann man von der »kleinen Ökumene« unter den Konfessionen und der »großen Ökumene« unter den Weltreligionen sprechen.

- ► Der Text »Ökumene« beschreibt eine wirklich ökumenische Gesinnung, die weiß, dass die Christen gemeinsam Verantwortung für die Welt tragen und ein »Segen« sein können. Schreibt das Gedicht weiter.
- ► Lest die Forderung Jesu aus dem Johannes-Evangelium. Stellt ein Zehn-Punkte-Programm auf, das die katholische und evangelische Kirche eurer Meinung nach in unserem Jahrhundert verwirklichen sollte.
- ► Sucht Beispiele gelebter Ökumene in eurem persönlichen Umfeld. Interviewt z. B. ein Ehepaar, das zu verschiedenen Konfessionen gehört.

Den Weg wagen

Heute führen die Wege der Konfessionen* wieder aufeinander zu, der Wunsch nach Ökumene weist die Richtung in die Zukunft. Ökumenische Gottesdienste sind eine Selbstverständlichkeit, ökumenische Kirchentage werden gewagt, Ehen zwischen katholischen und evangelischen Partnern werden nicht mehr »konfessionsverschieden«, sondern »konfessionsverbindend« verstanden und gelebt. Alte Traditionen des Glaubens, wie etwa Wallfahrten und Pilgerwege, die in der Reformation* als abergläubische Frömmigkeitsformen kritisiert wurden, werden neu entdeckt – von katholischen wie evangelischen Christen. »Es muss noch mehr als alles geben«, so formuliert die evangelische Theologin und Poetin Dorothee Sölle (1929-2003) ihre Sehnsucht in einem Buchtitel. In einem Gedicht beschreibt sie das Unterwegssein als Wesen des Glaubens:

Unterwegs mit dir

Wir sind unterwegs mit dir, Gott,
weil du nicht auf einem Thron sitzt,
sondern mit uns wanderst
durch Dunkel und Nässe,
durch Nebel und oft ohne Weg
und häufig ohne Ziel.

Wir sind unterwegs mit dir, Gott,
weil du nicht in den Kirchen wohnst,
sondern mit uns wanderst
in Ängsten um all die,
die nur wählen können,
vertrieben oder bombardiert zu werden.
Geh auch mit ihnen, Gott,
und lass uns mit ihnen gehen.

Wir sind unterwegs mit dir, Gott,
weil wir dich nie ganz kennen
und du dich immer wieder versteckst
in einem Rosenblatt,
im Lächeln eines Penners
und so mit uns wanderst
und uns das Gehen lehrst,
und das dich Suchen.

Wir sind unterwegs mit dir, Gott,
sodass der Weg und das Ziel eins werden
in dir.

Dorothee Sölle

- ▶ Fasst am Beispiel der Wallfahrten zusammen: Welche reformatorische Kritik am Wallfahrtswesen trifft zu? Wie kann man Wallfahrten und Pilgerreisen heute begründen?
- ▶ Spürt euren eigenen Sehnsüchten* nach. Welche Wege seid ihr schon gegangen? Welche möchtest du noch gehen? Malt, schreibt, zeichnet Wegkarten, fotografiert, erzählt ...

Ein Pilgerweg heute

Aufbruch.
Abschied von meinem Alltag.
Ich mache mich auf den Weg.
Ich will mich bewegen, will etwas in mir bewegen.
Mein Ziel: Santiago de Compostela, das Grab des heiligen Jakobus. Die Legende erzählt: Jakobus, einer der ersten Jünger Jesu, habe in Spanien missioniert und sei dort begraben. Im 9. Jahrhundert fanden Hirten sein Grab, und den Gebeinen des Sant Yago wurde eine Basilika auf dem *campus stellarum*, dem Sternenfeld (»Santiago de Compostela«), geweiht. Seit über 1000 Jahren pilgern Menschen den Jakobsweg. Ein Geflecht von Wegen quer durch Europa mündet südlich der Pyrenäen in einen Weg, der sich mit einer Länge von über 700 Kilometer bis fast zum Atlantik erstreckt. Blütezeit der Pilgerfahrt war das 12. bis 14. Jahrhundert. Humanismus und Reformation führten zu einem Rückgang. Im 20. Jahrhundert erwachte eine neue Begeisterung für die alten Pilgerwege ...
Diesen Weg möchte ich gehen: nach Santiago de Compostela, wo im Mittelalter das Ende der Welt lag, dort, wo Himmel und Erde sich berühren. Das ist mein Ziel ...
Andere sind mit mir auf dem Weg. Eine Gruppe junger Radfahrer überholt mich und winkt mir fröhlich zu. Ich hole eine Wanderin ein; wir sprechen und schweigen miteinander, verabschieden uns, und jede geht wieder ihren eigenen Weg. Auch Reisebusse fahren an mir vorbei. Wie war das früher? Kranke, die sich den Weg entlangquälten, um Heilung zu erlangen; Gefangene, die ihre Strafe durch eine Pilgerreise mildern konnten; Kaufleute, die die Pilgerbewegung für ihre Geschäfte nutzten; Bischöfe und Fürsten hoch zu Ross; Menschen, die mit einer Pilgerreise einmal im Leben ihrem unmenschlichen Alltag entflohen: religiöse Sehnsucht, Abenteuerlust, Neugierde auf die Fremde, Freude am Unterwegssein. Ist das heute so viel anders?
Ich erlebe den Weg als Herausforderung an Körper, Seele und Geist. Wüste als Chance, den Blick auf Neues zu lenken, mit Gedanken in Berührung zu kommen, von denen ich im Alltag abgelenkt werde. Ich richte meine Aufmerksamkeit auf mich und begegne Gott. Ich entdecke Quellen der Kraft, nehme Blühendes wahr, finde Brücken und Wege.
Ich gehe. Tag für Tag. Ich sehe, höre, fühle. Irgendwann geht der Weg dem Ende zu. Auf dem Vorplatz der Kathedrale in Santiago singe und tanze ich mit anderen Pilgerinnen und Pilgern vor Freude, angekommen zu sein. Die letzten Schritte bis zur Kathedrale zum *Pórtico de la gloria*. Ich bleibe stehen, staune und schweige. Hier bin ich.
Einige Tage bleibe ich. Dann werde ich zurückkehren in mein gewohntes Leben. Ich gehe anders, als ich gekommen bin. Mein Leben ist ein Pilgerinnenweg: immer wieder Aufbruch, Suchen und Finden, immer wieder Heimkommen.

Marianne Storz

Der Sehnsucht trauen

Im Übrigen meine ich
Dass Gott der Herr
Der mit uns ist
In unseren Köpfen und Herzen
Weitere Gedanken anstiften möge
Die uns noch mehr zusammenführen
Die uns noch mehr zusammenwachsen lassen
Uns alle auf dem Kreis der Erde
Geschöpfe aller Art und Kreaturen aller Arten
Dass Gott der Herr
Der mit uns ist
Um seinetwillen uns neue Ideen schenke
Dass wir erkennen dass all unsere Urteile bis hierher
Kleine engstirnige und engherzige Possen waren
Mit denen wir uns selbst im Wege standen
Die uns nicht Freunde, sondern Feinde brachten
Die uns kein gutes Werk tun ließen
Sondern uns nur höhnisch und hämisch machten ...
Möge Gott dem Herrn
Der mit uns ist
Unsere Suche gefallen
Möge er unsere Versuche gnädig betrachten
Unser Glauben und unser Zweifeln
Wir können, wenn wir wollen, alles hinter uns lassen
Wir können mit Gottes Hilfe jederzeit neu anfangen
Gott ist die Gnade und die Freiheit, ist Trost und
Vergebung
Gott ist nicht das Argument, sondern die
Versöhnung
Drum möge er uns noch einmal und immerfort
Zu den Glücklichen führen
In denen wir seinen Willen und seine Wahrheit
Seine Zukunft und seine Zeichen spüren
In denen wir uns hingeben an seine Welt
Der unbegrenzten Weite
In der wir ganz deutlich fühlen
Dass uns nichts trennt
Weil er uns zusammenführt
Dass in uns kein Zorn mehr aufkommt
Sondern Seligkeit und süßes Wissen
Dass die Reise angefangen hat
Die Reise zum Frieden und zur Befreiung ...
Dass Freundlichkeit in unser Herz einzieht
Damit sein Wille geschehe:
Und das sind die Güte und die Sanftmut
Die Übersicht über alle Horizonte
Die Hoffnung und die Heiterkeit
Die Rettung und das Aufgehobensein

Hanns Dieter Hüsch

- Wählt euch einen Satz oder Teilsatz aus dem Text und schreibt ihn kreativ gestaltet ins Heft. Erklärt, inwiefern er zum Thema des Kapitels passt.
- Sucht passende Musik zu dem oben stehenden Text und dem Bild aus.
- Vergleicht das Bild mit dem Titelbild auf 55 und gestaltet ein eigenes Sehnsuchtsbild.
- Lasst euch von dem Bild zu einer Meditation, einem Gebet oder einer Fantasiereise »Auf den Flügeln meiner Sehnsucht*« inspirieren.

Quint Buchholz, 2001

Ein Wappen als Lebensmotto

»Des Christen Herz auf Rosen geht,
wenn's mitten unterm Kreuze steht.«

Zu diesem Motto hatte Martin Luther sich das abgebildete Wappen mit der so genannten Lutherrose erdacht. Von der Veste Coburg aus erklärte er 1530 dem Nürnberger Ratsschreiber Lazarus Spengler, was sein Wappen bedeuten soll:

In der Mitte steht das Kreuz, denn der Gekreuzigte wirkt unsere Rettung.
Weil Jesus und die Menschen leiden müssen, ist die Farbe des Kreuzes schwarz.
Aber das Herz, in dem der Glaube wohnt, bleibt in lebendigem Rot.
Eine weiße Rose schließt das Herz ein.
Trotz des Leidens ist das Herz »auf Rosen gebettet«, denn der Glaube gibt den Christen Trost und Freude.
Zugleich weckt er die Hoffnung auf Gottes ewiges Reich,
symbolisiert im Himmelblau des Hintergrunds.
Der goldene Ring fasst alles ein, kostbar und ohne Anfang und Ende wie die Güte Gottes.

Luthers Wappen symbolisiert also die wichtigsten Elemente des evangelischen Glaubens.
- ▶ Überprüft euer Wissen: Könnt ihr sie in eigenen Worten zusammenfassen?
- ▶ Überlegt: Können diese Aussagen heute als ökumenisch gelten?
- ▶ Entwerft ein eigenes symbolisches Wappen mit einem Motto für euer Leben.

4 Kirche – so fern

und doch so nah?

Jugend – in der Kirche?

Lichtermeer beim ersten Ökumenischen Kirchentag in Berlin 2003

Kirchentag

Wunderbare Tage im Mai. Der erste ökumenische Kirchentag in Berlin hatte eine Atmosphäre, die sich kaum beschreiben lässt, wenn man sie nicht live erlebt hat. Das finden auch Anna-Lena, Wiebke und Mara aus Neustadt/Weinstraße. Für die 13-jährigen Mädchen ist es ihre Kirchentagspremiere. Mit dem Begriff »Ökumene«* können sie eher wenig anfangen, finden aber den Abwechslungsreichtum und die bunte Mischung des Programms sehr attraktiv.

Jugendgottesdienst

Jeden Monat feiern wir einmal Jugendgottesdienst. Dabei schreiben wir einige Texte selbst und stellen auch die Lieder zusammen. Unsere Kirchenband macht meistens die Musik. Der Gottesdienst kommt auch bei Erwachsenen an.

Natalie, 14 Jahre

Jugendwallfahrt

Ich war im letzten Jahr bei einer Jugendwallfahrt dabei. Vier Tage laufen und auf Iso-Matten schlafen. Aber – ich hab noch nie so intensiv über mich selbst nachgedacht wie da. Und wir haben uns alle echt genial verstanden.

Stefan, 15 Jahre

Den Verstand an der Garderobe abgeben

Bei einer Umfrage unter 16- und 17-jährigen Ostberliner Schülerinnen und Schülern äußerten die Jugendlichen sehr unterschiedliche Einstellungen zu Glauben und Religion: »Hat Religion überhaupt irgendetwas mit meinem Leben zu tun? Ist sie nicht nur ein Lehrgebäude, an das man glauben muss und dabei seinen Verstand an der Garderobe abgibt?« Aber auch: »Wie können Ungläubige überhaupt leben?« Die erste Position war die weitaus häufigere, die zweite vertraten vor allem Aussiedler aus Osteuropa. Sie brachten noch eine selbstverständliche Frömmigkeit mit, die den anderen wie von einer anderen Welt vorkam.

Bin ich hier auf 'nem and'ren Stern?

- ▶ Habt ihr schon einmal einen Jugendgottesdienst, eine Jugendwallfahrt oder etwas Ähnliches miterlebt? Erzählt, was euch dabei besonders gefallen hat und was nicht.
- ▶ Viele Jugendliche fühlen sich in der Kirche so, wie in dem Cartoon dargestellt. Diskutiert, was euch an der Kirche gefällt bzw. nicht gefällt und was ihr gerne anders hättet.
- ▶ Stimmt es, dass man in der Kirche seinen Verstand an der Garderobe abgibt? Befragt dazu überzeugte Christinnen und Christen, die ihr kennt.

Caritas Plakat-Aktion

Auf die Unterstützung der Caritas können auch benachteiligte und gefährdete Jugendliche vertrauen. Sie finden in 276 Heimen für gefährdete Jugendliche und Erwachsene Schutz, Geborgenheit und die Chance einer angemessenen Entwicklung ihrer Persönlichkeit. Die 346 speziellen Tagesstätten und Schulen nehmen fast 24 000 behinderte Kinder und Jugendliche auf. Wenn sich die Gesellschaft später einmal auf sie verlassen möchte, sollte sie der Jugend einen genügend hohen Stellenwert in der Gesellschaft einräumen. Dazu gehört, sie auf dem Weg in die Zukunft nicht alleine zu lassen. Die Caritas ist für die Jugendlichen da – Tag für Tag.

Der BDKJ und seine Mitgliedsverbände

BDKJ Bund der Deutschen Katholischen Jugend

Quickborn

Aktion West-Ost

Kolpingjugend

Pfadfinderinnenschaft St. Georg

Deutsche Pfadfinderschaft St. Georg

DJK Sportjugend

Katholische Studierende Jugend (KSJ)

Gemeinschaften christlichen Lebens Jugendverbände

Bund junger Katholiken in Wirtschaft und Verwaltung (Jung KKV)

Unitas-Verband

Sebastian-Schützenjugend

Katholische Landjugendbewegung

Katholische Junge Gemeinde

Christliche Arbeiterinnenjugend

- ▶ Informiert euch mithilfe des Internets über das Beratungsangebot der Caritas, z. B. Onlineberatung oder Telefonseelsorge. Findet heraus (z. B. auf der Homepage des Caritas-Verbandes), welche Beratungsstellen und soziale Einrichtungen für Jugendliche die Caritas in eurer Nähe anbietet.
- ▶ Alle katholischen Jugendverbände sind unter dem Dach des BDKJ zusammengefasst. Erkundigt euch z. B. auf der Homepage des BDKJ, welche Verbände es in eurer Nähe gibt und welche Veranstaltungen sie anbieten.
- ▶ Welche Gruppen und Aktivitäten gibt es in eurer Pfarrei? Ein/e Mitarbeiter/in der Gemeinde kann euch sicher darüber Auskunft geben.

Ecclesia semper reformanda –

I

II

III

IV

V

VI

VII

Pater noster, qui es in caelis. Sanctificetur nomen tuum! Adveniat regnum tuum! Fiat voluntas tua sicut in caelo et in terra! Panem nostrum cotidianum da nobis hodie! Et dimitte nobis debita nostra, sicut et nos dimittimus debitoribus nostris! Et ne nos inducas in tentationem, sed libera nos a malo. Quia tuum est regnum et potestas et gloria in saecula.

VIII

IX

► Sucht für die Bilder und Texte links passende Entsprechungen auf der rechten Seite.

Kirche muss sich immer erneuern

A

B

C

Vater unser im Himmel. Geheiligt werde dein Name. Dein Reich komme. Dein Wille geschehe, wie im Himmel so auf Erden. Unser tägliches Brot gib uns heute. Und vergib uns unsere Schuld, wie auch wir vergeben unsern Schuldigern. Und führe uns nicht in Versuchung, sondern erlöse uns von dem Bösen, denn dein ist das Reich und die Kraft und die Herrlichkeit in Ewigkeit.

D

E

F

G

H

I

► Bildet Gruppen und findet heraus, auf welche Veränderungen in der Kirche sich die jeweiligen, zusammengehörenden Paare beziehen. Mögliche Informationsquellen: Eltern, Großeltern, Pfarrer, Pastoralreferentinnen und -referenten, Lexika, Internet etc.

Weltjugendtag in Köln

Das Bild auf der Titelseite 79 zeigt den so genannten »Papsthügel« auf dem Marienfeld bei Kerpen. Anlässlich des Weltjugendtags im August 2005, zu dem rund 1,1 Millionen Jugendliche aus aller Welt nach Köln kamen, feierte der Papst dort die heilige Messe und am Abend zuvor eine Vigil (= Nachtgebet), an der rund 800 000 Jugendliche teilnahmen. Informiert euch über die nachfolgenden Weltjugendtage und ihre Auswirkungen auf Kirchen in eurer Nachbarschaft. Welchen Zusammenhang könnt ihr zwischen dem Titel des Kapitels: »Kirche – so fern und doch so nah?« und dem Weltjugendtag erkennen?

Im Auftrag handeln

Die Kirche kann nicht einfach bestimmen, was sie tun will und was nicht. Sie hat einen Auftrag. Dieser Auftrag zeigt sich in den (Sprach-) Bildern, die es von der Kirche gibt, z. B.: der Weinstock und die Reben, der Leib Christi*, das Volk Gottes usw.
Untersucht den Zusammenhang der Bilder von Kirche 86 f. mit dem Handeln der Kirche in der Welt. Nehmt dazu ein Beispiel kirchlichen Handelns, das im Buch vorgestellt wird (vgl. 90 bis 97).

Kirche als Raum wahrnehmen

Viele Menschen schätzen die Stille in der Kirche, kommen dorthin zum Nachdenken oder Beten. Versucht es doch selbst einmal und bereitet eine Meditation vor, bei der ihr einen Kirchenraum bewusst erfahrt.
Anschließend könnt ihr überlegen, zu welchen Gegenständen in der Kirche ihr eine Beziehung aufbauen konntet und welche euch eher stören.
Wie sieht eine Kirche aus, in der ihr euch wohl fühlt? Überlegt, wie das Gebäude aussehen müsste und was sie als Gemeinschaft bräuchte.

Presseschau halten

Kommt Kirche in unserer Öffentlichkeit vor? Sucht eine Woche lang in Tageszeitungen, Zeitschriften und den Fernsehnachrichten nach Spuren der Kirche und tragt sie zusammen.
Gemeinsam könnt ihr diese im Unterricht dann zu einer Dokumentation ausarbeiten.

Einem anderen Glauben begegnen

Zweimal hatte Papst* Johannes Paul II. zu einem interreligiösen Friedensgebet in Assisi aufgerufen. Geht das überhaupt, zusammen mit Menschen anderen Glaubens zu beten?
Ladet Bekannte anderen Glaubens in eure Klasse ein und diskutiert diese Frage mit ihnen.

Umfrage erstellen

Wie wird die Kirche in eurer Klasse gesehen? Sammelt dazu einige Fragen und macht daraus einen Fragebogen. Beantwortet die Fragen anonym und wertet sie anschließend aus. So wisst ihr, wie in eurer Klasse die Kirche gesehen wird.
Vermutlich wollen einige eurer Mitschülerinnen oder Mitschüler mit der Kirche nichts mehr zu tun haben. Führt ein Interview und versucht, die Gründe herauszufinden.

Thesenanschlag
Macht einen Thesenanschlag (vgl. 68), in dem ihr eure positiven Eindrücke, wie Kirche ist, und eure Forderungen, Wünsche und Hoffnungen, wie Kirche sein soll, zum Ausdruck bringt.

Wer weiß noch ...
... welche Verheißungen Abraham und Sara von Gott erhielten?
... welche Möglichkeiten es für Jugendliche gibt, sich in der Kirche zu engagieren?
... was es mit dem »fairen Handel« auf sich hat?
... was in der Firmung geschieht?

Ergänzt euer Wissen durch einen Klick auf www.religionvernetzt.de.

Papst und Jugend
Viele Jugendliche (und auch viele Erwachsene) haben Schwierigkeiten mit dem Amt des Papstes*. Andere dagegen sind vom Papst fasziniert.
Findet heraus, welche konkreten Vorstellungen und Argumente in beiden Fällen auftauchen (z. B. über eine Umfrage in der Schule), und vergleicht diese mit dem, was auf 89 über den Papst gesagt wird.

Papst gesteht Irrtum der Kirche
Nach fast 360 Jahren hat der Papst den Physiker und Astronomen Galileo Galilei rehabilitiert. Dieser war 1633 verurteilt worden, weil er die Erde nicht als Mittelpunkt des Universums ansah, wie es damals gängige Lehre war.
Welchem Kirchenbild (vgl. 86 f.) entspricht der Papst mit der Rehabilitation Galileis und welche Bedeutung hat es, wenn sich der Papst für Handlungen der Kirche, die nicht während seiner Amtszeit erfolgten, entschuldigt?

Losgerappt
Seht euch den Rap »*Empleo*/Arbeit« von Cecho, Robinson und Juan Carlos 94 an.
Schreibt einen eigenen Rap zu einem Thema aus einem anderen Kapitel in diesem Buch, z. B. über »Der Mensch als Schöpfer« 26, »Konflikte in der Schule« 33, »Auf Nummer sicher oder volles Risiko?« 58 f. oder »Woher - wohin?« 104 f.

Mündig werden in der Kirche: die Firmung
Die Firmung gilt als das »Sakrament* der Mündigkeit«. Überlegt, was es heißt, ein mündiger Christ oder eine mündige Christin zu sein. Bezieht in eure Überlegungen die Bilder von Kirche 86 f. mit ein.

Kirche in Bildern

Detail aus der Bernwardsäule, Hildesheim, 11. Jh.

Mt 28,19f.

Herr, du hast uns gerufen.
Die Unruhe, die uns ergreift,
wenn wir dein Wort hören,
beweist es.

Du kennst unsere Schwäche,
du weißt,
wie leicht wir den Mut verlieren.
Du weißt,
wie ängstlich wir unsere Schritte setzen.
Aber du hast uns gerufen.
Darauf verlassen wir uns.
Wirke in uns,
wenn es dein Wille ist.
Brauche uns und mache uns brauchbar.

Jörg Zink

Wenn du, Simon, als Petrus deine Rolle einnimmst, dann trete in meine Fußstapfen. Lass deine Füße gelenkt sein von meinem Bild, des Bildes der Demut, der Liebe zum Menschen. Es geht in dem Amt, das dir zufallen wird, nicht um Herrschaftsanspruch, sondern um Knechtsdienst. Verkündigung setzt eine tiefe Hinneigung zum Menschen voraus.
Ob Petrus, der vielleicht der erste Bischof von Rom war, das je begriffen hat?

Martha Sonntag

Speyrer Evangelistar, 1197

Joh 13,1-15

► Im Laufe der Zeit wurden viele (Sprach-)Bilder verwendet um zu sagen, was Kirche ist. Lest die jeweiligen Bibelstellen zu den Bildern und findet heraus, welcher Zusammenhang zwischen der Bibelstelle, dem Bild und dem jeweils dazugehörigen Text besteht.
- Welche Vorstellungen von Kirche werden in den einzelnen (Sprach-)Bildern ausgedrückt?
- Welche weiteren Darstellungen von Kirche könnt ihr noch entdecken? Sammelt sie und stellt sie in der Klasse vor (mögliche Fundorte: Kirchengebäude oder Bildbände).

T: Mt 18,20
M: Kommunität Gnadenthal
© Präsenz Verlag, Gnadenthal

Osnabrücker Altar, um 1375

Apg 2,1-13

Wiener Genesis, um 570

Gen 12,1

Das Zweite Vatikanische Konzil (1962-1965) hat – auch angelehnt an die Abrahams- und Exodustradition des Alten Testaments – immer wieder das Bild vom pilgernden Gottesvolk für die gesamte Kirche benutzt:*

»Ist doch ihre eigene Gemeinschaft [die der Christinnen und Christen] aus Menschen gebildet, die, in Christus geeint, vom Heiligen Geist auf ihrer Pilgerschaft zum Reich des Vaters geleitet werden und eine Heilsbotschaft empfangen haben, die allen auszurichten ist.
Darum erfährt diese Gemeinschaft sich mit der Menschheit und ihrer Geschichte wirklich engstens verbunden.«

Gaudium et Spes 1

- ► Für die Gemeinschaft der Gläubigen mit Christus verwendet der Apostel Paulus das Bild vom »Leib Christi«* (1 Kor 12,12-31a). Was will er damit zum Ausdruck bringen? Setzt diese Vorstellung kreativ in einem gemalten Bild oder einer Computergrafik um.
- ► Das Zweite Vatikanische Konzil* spricht von der Pilgerschaft der Kirche und der Verbundenheit mit der Menschheit. Informiert euch, was eine Pilgerschaft ausmacht, und erklärt in eigenen Worten, was es bedeutet, dass die Kirche als Pilgerin bezeichnet wird.

Die Kirche und ihre Ämter

Struktur der Katholischen Kirche (Deutschland)

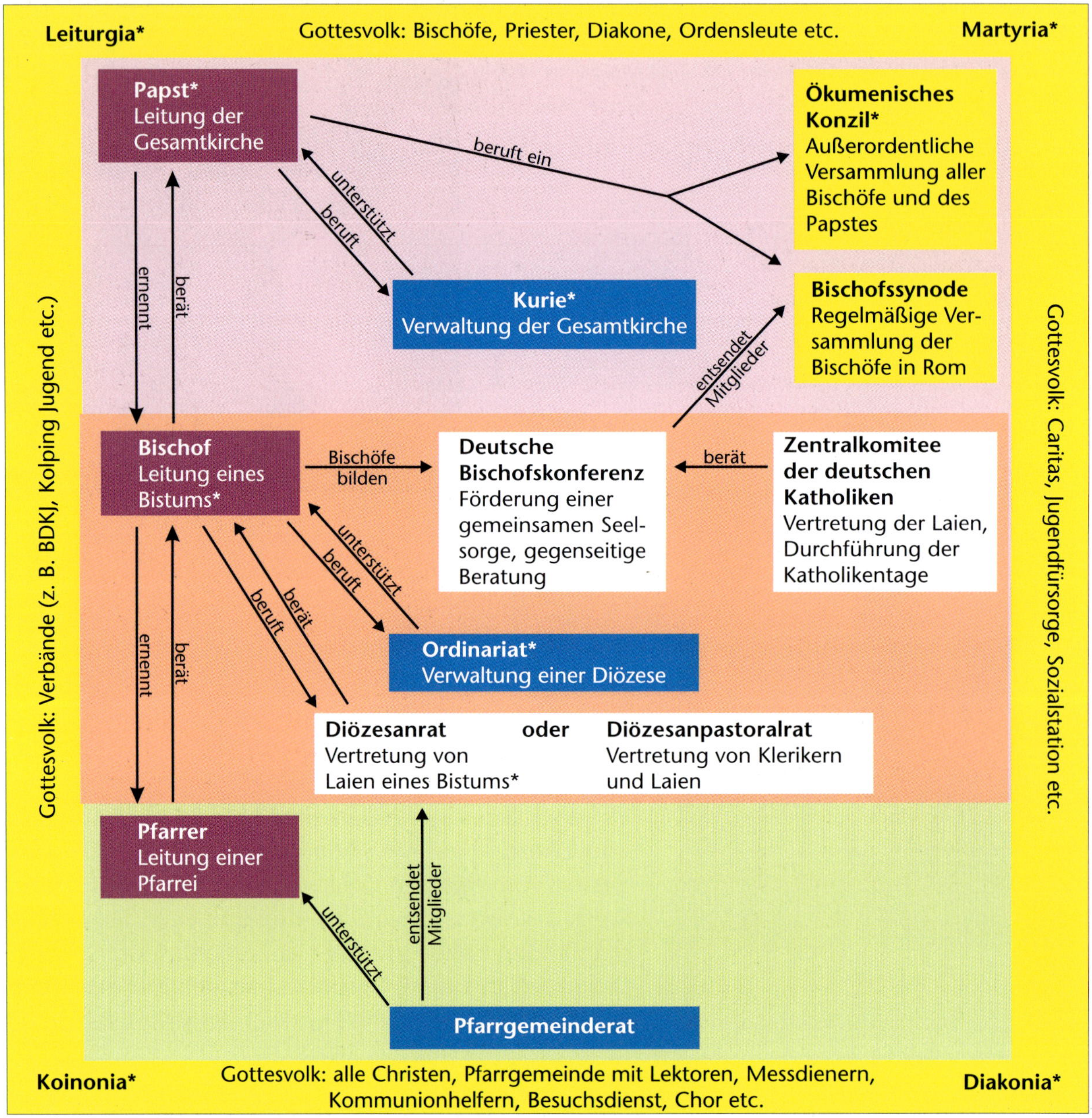

- ► Das Schema setzt seinen Schwerpunkt auf die Organisationsstruktur der Kirche. Wie würdet ihr die Kirche schematisch darstellen, wenn dabei der Gedanke »Kirche als Volk Gottes unterwegs« im Vordergrund stehen sollte?
- ► Findet Folgendes heraus: den Bischof eurer Diözese*, den Pfarrer eurer Heimatpfarrei, die genauen Aufgaben des Pfarrgemeinderats in eurer Pfarrei.

Das Diakonat – Dienst mit Brückenfunktion

Es gibt zwei Arten von Ständigen Diakonen, die hauptamtlichen und diejenigen mit Zivilberuf. Nur Männer können Ständige Diakone werden und sie können verheiratet sein, allerdings muss die Eheschließung vor der Weihe stattgefunden haben. Der Weihe zum Diakon geht eine mehrjährige Vorbereitungszeit voraus. Der Diakon erfüllt eine Brückenfunktion: Sein Platz ist zugleich in der Mitte der Gemeinde und dort, wo die Gemeinde noch nicht oder nicht mehr ist.
Anton May, Lehrer an der kirchlichen Maria-Ward-Schule in Nürnberg ist auch Ständiger Diakon. Zu seinen Aufgaben als Schulgeistlicher gehören die Leitung und Vorbereitung von Gottesdiensten, neben den Anfangs- und Schlussgottesdiensten auch zu den Hochfesten und regelmäßig während des Schuljahres. Zusammen mit der jeweiligen Religionslehrkraft und einem Pater obliegt ihm die Vorbereitung der Erstkommunion, die für zwei Grundschulklassen jeweils im Klassenverbund gefeiert wird, ebenso wie die Vorbereitung der zweimal im Jahr stattfindenden Beichttage. Er ist zuständig für die Gestaltung religiöser Abschlusstage für Abiturientinnen, die Unterstützung der Schülerinneninitiativen für einen guten Zweck und manchmal die Beratung von Schülerinnen bei Problemen.

Diakon Anton May

Papst Benedikt XVI. beim Weltjugendtag 2005 in Köln

Missa pro Ecclesia

Auszug aus der ersten Predigt Papst Benedikts XVI. nach seiner Wahl in der Sixtinischen Kapelle:

Sehr bedeutungsvoll ist, dass mein Pontifikat zu einer Zeit beginnt, in der die Kirche das besondere Jahr der Eucharistie begeht. Die Eucharistie, Herz des christlichen Lebens und Quelle der Evangelisierungssendung der Kirche, soll die ständige Mitte und Quelle des mir anvertrauten Petrusamtes sein. Die Eucharistie setzt den auferstandenen Christus immer gegenwärtig, der sich uns weiterhin darbringt, indem er uns auffordert, am Gastmahl seines Leibes und seines Blutes teilzuhaben. Aus der vollen Gemeinschaft mit ihm erwächst jedes weitere Element des Lebens der Kirche, an erster Stelle die Gemeinschaft zwischen allen Gläubigen, die Verpflichtung, das Evangelium zu verkünden und zu bezeugen, und die leidenschaftliche Liebe zu allen, besonders zu den Armen und Geringen.
Ich erbitte von Gott die Einheit und den Frieden für die Menschheitsfamilie und erkläre die Bereitschaft aller Katholiken, für eine wahre gesellschaftliche Entwicklung zusammenzuarbeiten, die die Würde jedes Menschen achtet.

- ▶ Untersucht, wie Papst Benedikt XVI. in seiner Ansprache die vier Grundvollzüge der katholischen Kirche Leiturgia, Martyria, Koinonia und Diakonia in der Kirche verankert sieht. Nehmt dazu den Lexikonartikel »Grunddimensionen/Grundvollzüge der Kirche«* zu Hilfe.
- ▶ Welche Grundvollzüge der Kirche verwirklicht Anton May als Schulgeistlicher? Überlegt, warum die Arbeit als Schulgeistlicher eine Brückenfunktion, wie sie im Text genannt wird, haben kann.
- ▶ Wenn du Papst wärst, welche wären deine Grundanliegen für die Kirche im dritten Jahrtausend?

Datei Bearbeiten Ansicht Favoriten Extras ?

Adresse

JUGENDHAUS BURG FEUERSTEIN

Kirche in Deutschland:

- ▶ HOME
- ▶ LEITBILD
- ▶ STIFTUNGSRAT
- ▶ KIRCHE
- ▶ AKTUELLES
- ▶ KURSE
- ▶ RÜCKBLICK
- ▶ GÄSTEBUCH
- ▶ KULTUR
- ▶ NGL
- ▶ KINO
- ▶ ÖKOLOGIE
- ▶ REITEN
- ▶ SERVICE
- ▶ LINKS
- ▶ IMPRESSUM

Leitbild

Das Jugendhaus Burg Feuerstein ist die zentrale Jugendbildungsstätte der Erzdiözese Bamberg und begleitet Kinder, Jugendliche und junge Erwachsene vor allem im Rahmen von eigenen Veranstaltungsangeboten in ihrer persönlichen und moralischen Entwicklung ... Ansatzpunkt unserer Arbeit ist der Blick auf die Lebensräume und Lebenssituationen, in denen sich junge Menschen bewegen. In unseren Veranstaltungen stehen sie als Subjekt im Mittelpunkt. Ein besonderes Anliegen ist uns die Integration von jungen Menschen mit Behinderung ...

Die Grundlagen unserer Arbeit im Jugendhaus sind die Grundsätze christlicher Glaubens- und Lebensgestaltung. Durch ein personales und ganzheitliches Angebot wird gelebter Glaube und christliche Gemeinschaft erfahrbar, in der junge Menschen mit ihren Fragen, Ängsten und Hoffnungen einen Platz haben ...

Wir setzen in unserer Arbeit auf Wachstum und Entfaltung. Dazu verfolgen wir eine Pädagogik und Theologie der Befreiung von Kindervorstellungen in Glauben und Religion und eine Erziehung zum Mündigwerden, die der Zeit voraus ist, um gegen Ignoranz und Dummheit die Dinge der Welt in christlicher Verantwortung zu gestalten und zu formen ...

Girls, Girls, Girls

Ein Wendo-Aufbaukurs für 13- bis 15-jährige Mädchen*

Im Wendo-Grundkurs hast du die Grundlagen der Selbstverteidigung und Selbstbehauptung kennen gelernt.
Im Wendo-Aufbaukurs sollen die bereits gelernten Techniken und Übungen vertieft werden. Verstärkt werden auch Situationen angeschaut, die sich seit dem ersten Kurs ereignet haben: Wo hast du es geschafft, dich zu behaupten oder zu wehren? Welche Probleme und Schwierigkeiten hattest du beim Vertreten deiner Interessen?

Lust auf mehr? Dann melde dich schnell an! Wir freuen uns auf viel Mädchenpower und auf das Wiedersehen mit dir!

Ina und Jutta

Coole Jungs

Ein Erlebniswochenende für Jungs von 13 bis 15 Jahren

»Jungs müssen immer cool drauf sein!« – So oder ähnlich muss sich das »starke Geschlecht« oft darstellen. Doch sind Jungs wirklich immer so oder sind sie einfach ein bisschen anders?
An diesem Wochenende gilt: Boys only! Wir wollen machen, was Jungs so richtig Spaß macht: herumtoben und viel Zeit in der freien Natur verbringen. Wir wollen uns aber auch damit befassen, was wirklich »typisch Junge« ist und ob unter der »coolen« Schale nicht auch ein weicher Kern mit ganz eigenen Bedürfnissen steckt.

Auf ein erlebnisreiches Wochenende mit dir freuen sich

Tobias und Stefan

Burg Feuerstein

Ground Zero – am Boden zerstört?

Ostern 2002

Wie dem Thema zu entnehmen ist, standen die Kar- und Ostertage 2002 unter dem Eindruck der Anschläge vom 11. September 2001.
Am Gründonnerstag wurden in verschiedenen Gruppen große Gemälde als Gemeinschaftswerke geschaffen und anschließend im Altarraum der Kirche aufgestellt (vgl. linkes Bild). Im Karfreitagsgottesdienst wurden diese Gemälde zersägt, zertreten, zerschlagen und es herrschte völliges Schweigen dabei. Zur Osternacht waren die Gemälde – soweit das möglich war – wiederhergestellt (vgl. rechtes Bild).

Ich glaub's und zeig's

Diözesanjugendwallfahrt
von Forchheim nach Burg Feuerstein

O-Töne:
»Als ich am Samstag nach Forchheim kam, war es für mich ein faszinierender Eindruck, dass sich so viele Teilnehmer nicht vom Wetter haben abschrecken lassen.«

»Ich war den ganzen Weg über innerlich sehr angerührt! Es war toll!«

»Es gab keinen Knatsch, es ist nichts passiert und alle haben alles mit durchgezogen.«

- Wieso bietet ein katholisches Jugendhaus Wendo*-Kurse oder Kurse für »Coole Jungs« an? Zieht zur Beantwortung dieser Frage das Leitbild von Burg Feuerstein heran.
- Überlegt, welche Bedeutung das Schaffen, Zerstören und Zusammenflicken der Gemälde in Bezug auf die Ereignisse vom 11. September 2001 und in Bezug auf Ostern haben könnten.

Kirche in Europa:

In Baracken wohnen und beten – wer hält das aus?

Ein Bericht über eine Fahrt nach Taizé von Anna Deisenhofer und Verena Drechsler (11a), Schülerinnen am Johann-Michael-Sailer-Gymnasium in Dillingen:

Sonne, ein großer See, langhaarige Jungs in Chucks und Mädels in kurzen Röcken ... das klingt nach Urlaub? ... Fast, denn es gibt so einiges, das den kleinen Ort Taizé in Frankreich von einem Touristencamp unterscheidet! Als wir zehn den Hügel nach

Gebet in Taizé

Taizé hinaufrollten, wussten wir noch nicht viel von dem, was uns erwarten würde. Jeden Tag beim Arbeiten helfen, in Baracken wohnen und vor allem, dreimal täglich in die Kirche gehen? Wer soll das denn aushalten? Wir waren uns also absolut nicht sicher, was uns erwarten würde. Die Sonne Frankreichs war für uns wahrscheinlich der erste Grund gewesen, uns für die Fahrt nach Taizé zu entscheiden ...

Aber Tatsache ist, dass es der Wahnsinn war! Tausende von Jugendlichen von überall her, aus Spanien, Chile, Indien, Schweden und der Schweiz treffen hier zusammen und was passiert, ist phänomenal: Das ganze Camp wird organisiert von den Jugendlichen, die hier leben. Jeder hilft und arbeitet mit und somit muss man sich ja verständigen. Da kann es schon vorkommen, dass man sich mit zwei Chinesinnen aus Paris beim Barackenputzen wiederfindet und man hat sich grad so schön an das gebrochene Französisch gewöhnt, dann kommt da schon dein »Chief«, ein Südkoreaner, und du sollst ihm irgendwie erklären, dass ihr gleich mit den Baracken fertig seid ...

Faszinierend ist auch die Sache mit der »Kirche«. Dreimal täglich? Doch das geht! In Taizé macht man das freiwillig und echt gerne. Alle sitzen/liegen/stehen (wie man Lust hat) in einer riesigen Kirche, die eine wahnsinnig schöne Ausstrahlung hat, und es wird nur gesungen – bis auf eine Schweigephase, an die sich wirklich jeder hält und die deshalb echt Gänsehaut machen kann. Plötzlich sind da keine streng-sturen Gottesdienstregeln mehr, sondern einfach eine tolle Zeit, um mit anderen zusammen in den verschiedensten Sprachen zu singen und zur Ruhe zu kommen ... Es ist völlig egal, welcher Religion man angehört, jeder ist willkommen und feiert mit.

Taizé ist ein Phänomen, das nicht wirklich in Worte zu fassen ist, man muss es erleben.

Wir haben selbst mit einem deutschen Frère gesprochen und konnten bei ihm nichts von der vermeintlich staubig trockenen, altbackenen Kirche finden. Er war echt sympathisch und aufgeschlossen ...

Man zahlt sieben Euro pro Tag, um in Taizé zu leben, und deshalb muss wirklich jeder mithelfen, damit alles funktioniert. Und das alles macht nicht nur Spaß, nein, es macht echt glücklich, und da nimmt man das sehr einfache Leben in Taizé gern in Kauf ... Am schönsten ist es, die Gemeinschaft unter mehr als 5 000 Jugendlichen zu erleben.

Communauté de Taizé, Frankreich

Was ist Taizé?

Diese Frage ist gar nicht so leicht zu beantworten. Zunächst ist es ein kleines Dorf in der Nähe von Cluny in Burgund (Frankreich). Dorthin kam 1940 ein junger Schweizer namens Roger Schutz (1915-2005) und versteckte mit seiner Schwester Geneviève sowie Freunden Flüchtlinge, vor allem Juden und Oppositionelle, vor den Nazis. Nach dem Krieg kümmerte sich Schutz mit drei Freunden um Kriegswaisen, aber auch um deutsche Kriegsgefangene, was auf keine große Gegenliebe von Seiten der einheimischen Bevölkerung stieß. Doch als immer mehr Leute merkten, welcher Geist von dieser kleinen Gemeinschaft ausging, zogen die Männer auf einen nahe gelegenen Hügel und legten dort die Grundlage für die heutige »Communauté de Taizé«, die etwa einhundert Brüder umfasst. Sie kommen aus über 25 Nationen und gehören verschiedenen Konfessionen an. Seit 1957/58 fahren das ganze Jahr, besonders aber in den Sommermonaten, junge und auch weniger junge Menschen zu den Treffen in Taizé, die normalerweise von Sonntag bis Sonntag dauern.

Das »Logo« der Communauté verbindet das Symbol des Kreuzes mit dem der Taube.

»Der Herr Christus hat dich in Seinem Erbarmen und Seiner Liebe zu dir zu einem Zeichen brüderlicher Liebe in der Kirche erwählt. Er will, dass du mit deinen Brüdern das Gleichnis der Bruderschaft erfüllst. Nun schaue nicht mehr rückwärts, sei erfüllt mit unendlicher Freude, fürchte nie, zu früh aufzustehen, um zu loben, zu benedeien, zu besingen Christum, deinen Herren.«

Aus der Regel von Taizé

- ▶ Warum fahren Jahr für Jahr tausende Jugendliche (und Erwachsene) nach Taizé? Bezieht in eure Überlegungen den Bericht »In Baracken wohnen und beten – wer hält das aus?« ein.
- ▶ Beschreibt in eigenen Worten, was das Ziel von Taizé ist.
- ▶ Findet heraus, wo es in eurer Umgebung (oder in Deutschland) in letzter Zeit Taizé-Treffen gab (Informationsquellen: die eigene Pfarrei, das Bistum, die evangelische Nachbarpfarrei, die Homepage von Taizé).

Kirche in der Welt:

Empleo/Arbeit

Ein Rap aus Kolumbien

... Ach, ach, ach, das Geld herrscht hier in Kolumbien
wie fast überall in der Welt.
In Afrika herrscht Hunger,
in Kolumbien Arbeitslosigkeit,
daher kommen viele der Probleme, die ich sehe.
Manche Leute verlegen sich aufs Rauben,
andere aufs Töten
und das alles, damit sie ihre Familien ernähren können ...
Arbeit, Arbeit! Gebt uns Arbeit!
Ich höre damit nicht auf, weil es uns beleidigt.
Im Gegenteil, ich möchte, dass ihr mich versteht ...
Mit dem Hunger, der Arbeitslosigkeit verschwindet alle Sicherheit.
Und viele unbeherrschbare Dinge kommen auf uns zu.
Schuld sind die, die nicht schuld sein wollen.
Es gibt so viele Familien, die lieber aufs Essen verzichten, damit sie das Geld für die Ausbildung ihrer Kinder aufbringen können.
Es kostet sie so viel, das aufzubringen, und dann gibt es keine Arbeit nach der Ausbildung ...
Uns bleibt nur, Gott zu danken,
sonst gibt es für uns Arbeitslose nichts.
Arbeit, Arbeit! Gebt uns Arbeit!
...
Bitte, gebt den Leuten in unserer Straße Arbeit
anstatt uns die Polizei auf den Hals zu hetzen.
Ich verlange Arbeit, denn ich habe Hunger!

»Sei ruhig, du«

Verlange von mir nicht, dass ich ruhig bin.
Das ist ungerecht.

Ich spreche für all die anderen,
für die Familien,
die Hunger leiden,
damit sie einmal einen besseren Ort finden
und ein besseres Morgen.

Gerappt von Cecho, Robinson und Juan Carlos

Informationen über Kolumbien

Fläche:	1,14 Mio. km² (ca. dreimal so groß wie Deutschland)
Einwohner:	45,6 Mio. (2009)
Einwohner pro km²:	40 (in Deutschland 229)
Hauptstadt:	Santafé de Bogotá (6,8 Mio. Einwohner)
Religion:	90 % katholisch, 10 % andere
Ethnische Gruppen*:	Mestizen (58 %), Weiße (20 %), Mulatten (14 %), Sonstige (8 %)
Bruttoeinkommen pro Kopf:	4 990 US$ (2009) (in Deutschland 42 450 US$)
Arbeitslosigkeit:	12,0 % (2009)

Hauptexportartikel sind Erdöl und Kaffee, die beide auf dem Weltmarkt extremen Preisschwankungen unterworfen sind.
Der illegale *Drogenhandel* hat einen enormen Einfluss auf die Wirtschaft Kolumbiens. Vermutlich leben über eine Million Menschen direkt oder indirekt vom Anbau der Koka-Pflanze und vom illegalen Handel mit Drogen. Das Drogengeld ist in fast alle Bereiche von Staat, Wirtschaft und Gesellschaft eingedrungen, es beherrscht den Bausektor und finanziert Fußballteams. Für Hunderttausende von Kleinbauern ist der Drogenanbau die einzige Einnahmequelle. Außerdem herrscht in Kolumbien seit 1964 Krieg zwischen der Regierung und verschiedenen Guerillabewegungen. Ein Ende ist nicht absehbar.
Cali ist die zweitgrößte Stadt Kolumbiens nach Bogotá. Außerdem gilt sie als Drogenmetropole und als Hochburg des Salsa. An den Rändern der Stadt wuchern Elendsviertel. In einem dieser Viertel, dem Distrikt Aguablanca, liegen die *Barrios* (Stadtviertel) »El Vergel« und »El Retiro« mit ca. 60 000 Bewohnerinnen und Bewohnern. Hier findet sich die Pfarrei von Pater Alfred Welker.

El Señor de los Milagros, Cali, Kolumbien

Der Krankenpfleger und Diplom-Theologe Michael Kuhnert berichtet von den drei Jahren, in denen er als Pastoralreferent in der Gemeinde El Señor de los Milagros (»Der Herr der Wunder«) bei Pater Alfred Welker SJ tätig war.

Drei Jahre Cali waren Mord und Totschlag, Mut und Zärtlichkeit, Resignation und Hoffnung, Karfreitag und Ostern.

Großem begegnete ich alltäglich: Vor allem in den allein erziehenden Müttern, die frühmorgens aufstehen, die Kinder versorgen, danach zwölf Stunden außerhalb arbeiten, abends dann – fast immer Reis mit Bohnen – kochen und bis tief in die Nacht Wäsche waschen.

Ein Leben ohne Pause, Urlaub und Entspannung, voller Kampf und Entbehrungen, geführt für die Kinder – ohne zu murren. Ich verneige mich vor diesen Frauen, denen das Leben Unmenschliches aufbürdet, die kaum den Hauch einer Chance auf ein menschenwürdiges Dasein haben, deren Arbeit nie gerecht entlohnt werden wird und die dennoch still und unspektakulär Leben weitertragen und Zärtlichkeit schenken.

Michael Kuhnert und Martha, ein herzkrankes Mädchen, das trotz seiner Krankheit das Abitur schaffte.

Cali, das waren auch die vielen arbeitslosen Machos, die ihre Frauen verprügelten und anderen nachliefen, die stundenlang auf den Straßen Domino spielten, während die Frauen ihnen das Essen kochten und die Wäsche wuschen. Männer, denen der Schnaps der beste Bekannte und die eigenen Kinder wie Fremde waren.

Der Selbsthass und die Orientierungslosigkeit dieser Machos führten dann zwangsläufig deren pubertierende Söhne nachts auf die Straßen Aguablancas: Vollgekifft in Turnschuhen jagten sie baseballbemützt und Waffen tragend durch die Straßen Retiros und ballerten sich und völlig Unbeteiligte im Kampf um eine imaginäre Vormachtstellung reihenweise über den Haufen. Orientierung erfuhren sie anscheinend nur in der Uniformierung und Uniformität ihrer Jugendbande, Halt in der Droge und Selbstbestätigung nur dann, wenn das ganze Viertel Angst vor ihnen hatte.

Und dann war da die Überzeugung, dass Güte und Zärtlichkeit dort am nötigsten sind, wo Gewalt, Zerstörung und (Selbst-)Hass am größten sind, und dass ein Mehr an Waffen und Wächtern ein Meer von Toten bedeutet.

Alles hatte seine Zeit in Cali: Es gab Zeiten der Trauer und des tiefen Glücks, Zeiten der Empörung und Zeiten der Liebe, Zeiten der Hilflosigkeit und Zeiten der Hoffnung, Zeiten der Wut und Zeiten des Mutes; und immer gab es Zeit für Freunde, Freude und Feste!

So war Cali ein Tanz am Abgrund und ein Tanz auf das Leben zugleich: Die Schüsse in der Nacht höre ich noch heute und die Menschen, die Retiro zu einem Ort der Lebensfreude und Zärtlichkeit machten, vergesse ich nie. Cali war bleierne und goldene Zeit zugleich: die vielleicht schwerste meines Lebens und doch die schönste zugleich!

- Beschreibt mithilfe von »*Empleo*/Arbeit« und der Angaben über Kolumbien die Situation im Land.
- Wieso nennt Michael Kuhnert seine Zeit in Cali »Karfreitag und Ostern«? Erklärt dies aus dem Text.
- Stellt euch vor, ihr bekommt die Möglichkeit, in den großen Ferien fünf Wochen lang in der Pfarrei El Señor de los Milagros mitzuarbeiten. Nehmt ihr diese Möglichkeit wahr? Schreibt einen Brief an den Verantwortlichen, in dem ihr eure Zu- oder Absage begründet.

Die Kinder von Cali

Mittagsschlaf im Kindergarten

KINDERKRIPPE
KINDERGARTEN
420 Kinder

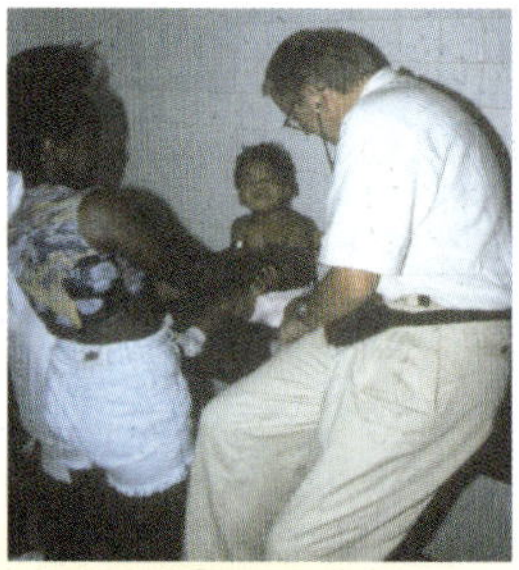

Auch sehr viele kleine Patienten und Patientinnen werden untersucht

GESUNDHEITSZENTRUM
»Komitee Ärzte für die Dritte Welt« stellt ständig Allgemeinärztinnen und -ärzte sowie einen Zahnarzt oder eine Zahnärztin.

Abwasch nach der Schulspeisung

SCHULSPEISUNG
täglich 2000 Kinder, Jugendliche und Frauen

VORSCHULE
GRUNDSCHULE
3300 Kinder

FRAUEN-FÖRDERUNG

OBRA SOCIAL
»El Señor de Los Milagros«
(Sozialwerk »Der Herr der Wunder«)

Üben für einen Tanz zum Abschlussfest der Vorschule

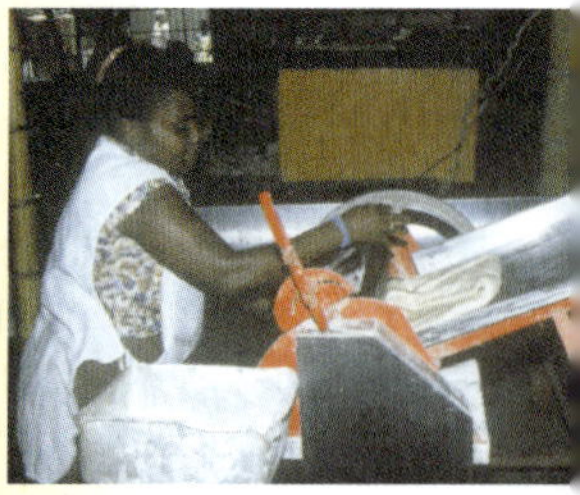

Frauen bekommen im Sozialwerk fairen Lohn für ihre Arbeit, wie hier beim Teigkneten

BAUERNHOF in den Bergen. Jugendliche können eine Zeit lang dem oft kriminellen Bandenalltag ihres Wohnviertels entfliehen; Ausflugsziel für alle Schüler und Schülerinnen.

OBERSCHULE/GYMNASIUM
WIRTSCHAFT und HANDWERK
3000 Jugendliche

Pater Alfred Welker als Schiedsrichter beim Fußball am Bauernhof

Schulbankbau in den Ferien hilft zu überleben

KLEINUNTERNEHMEN
Schneiderei, Schuhmacherei, Bäckerei, Herstellung von Matratzen, Besen, Modeschmuck.

Herstellung von Matratzen ist Handarbeit

Das Interview mit Pater Welker, dem Gründer des Hilfswerks »Die Kinder von Cali«, führte Jan David Hauck, Zivildienstleistender in Cali, im August 2002.

Pater Alfred Welker in seinem Büro

Pater Alfred, seit über 20 Jahren lebst du nun in Cali. Wie fühlst du dich in deiner Arbeit in Cali?
Ich fühle mich manchmal sehr gut, manchmal weniger gut, aber im Großen und Ganzen fühle ich mich wesentlich besser als in Deutschland. Das liegt, glaube ich, an der Qualität des Lebens der Menschen hier. Obwohl sie arm sind, sind sie sehr kommunikativ, sehr kreativ, sehr fröhlich und lustig, und das ist für unsere deutsche Mentalität sehr ansteckend und tut uns sehr gut. Man fühlt sich unter ihnen und innerhalb der ganzen Umgebung sehr angenommen und wie einer von ihnen.

Was für Vorteile haben die Jugendlichen konkret in ihrem Leben von deiner Arbeit?
Ich glaube, wer die Schulbildung durchgemacht hat und Abitur hat, der hat jedenfalls mehr Chancen Arbeit zu kriegen. Dass sie Schwarze sind, ist natürlich nachteilig, denn jeder (kolumbianische) Unternehmer wird einen Hellhäutigen einem Schwarzen vorziehen.
Auch wenn die Mädchen keine Arbeit finden, hilft ihnen ein Abiturzeugnis vor allem, mehr Selbstbewusstsein zu gewinnen und vielleicht ihre Zukunft nicht darin zu sehen, mit achtzehn schon für zwei eigene Kinder verantwortlich zu sein.
Auf jeden Fall ist es sehr wichtig, dass die jungen Menschen in unserer Institution Begleitung haben, damit sie sich nicht so stark an materielle Dinge und ans Karrieredenken hängen. Dass sie lernen, andere als Menschen zu respektieren, ohne nur von Vorurteilen, Neid und Rivalitätsgefühlen zu leben.

Fasse doch bitte einmal kurz zusammen, was dir auf dem Lebensweg, den du eingeschlagen hast, die nötige Kraft zum stetigen Voranschreiten gibt.
Die große Motivation, die ich habe, ist meine Überzeugung, dass die Sache mit Jesus eine großartige Möglichkeit für unsere Welt wäre, wenn wir uns daran hielten. Nicht nur zu reden und »Herr, Herr« zu sagen, sondern wenn wir versuchten, unsere Welt zu verändern – sie von einer Welt der Gewalt, des Hasses, des Krieges und des Geldes in eine Welt der Zärtlichkeit, der Freundschaft, des Friedens und der Brüderlichkeit zu verwandeln. Aber ... was sagte Mahatma Gandhi, als man ihn fragte, woher er seine Option für Nichtgewalttätigkeit hat? Gandhi sagte: »Ich habe die Bergpredigt gelesen.« Dann fragten sie ihn, warum er nicht Christ werden wollte, und er antwortete: »Ich kenne zu viele Christen aus Großbritannien, die uns so schlecht behandelt haben, da müsste ich mich schämen. Ich kann mich nicht mit den Christen identifizieren, mit Christus schon, aber mit den Christen nicht. Darum werde ich auch nie in eine christliche Kirche eintreten.« Könnten wir nicht versuchen, durch unser Leben Mahatma Gandhi zu widerlegen?

- ▶ Was ist für P. Alfred Welker die Motivation, die ihn trotz aller Probleme weitermachen lässt?
- ▶ Wieso sind gerade die Schulen des Sozialwerkes wichtig?
- ▶ Versucht – z. B. mithilfe des Internets – genauere Informationen über das Sozialwerk »Der Herr der Wunder« und die »Kinder von Cali« zu erhalten.

Kirche zum Mitmachen

Werkstatt Neues Geistliches Lied

Die »Werkstatt Neues Geistliches Lied« führt im Rahmen ihrer Möglichkeiten in der ganzen Erzdiözese Bamberg regelmäßig Workshops durch, gestaltet Gottesdienste und Konzerte mit »Neuen Geistlichen Liedern«, veranstaltet ein jährliches Festival religiöser Lieder auf Burg Feuerstein, besucht auf Anfrage Bands und Chöre vor Ort und hilft bei praktischen Fragen rund um das Neue Geistliche Lied.

Workshops

Bandarbeit konkret
Wie motiviere ich die Musiker/innen und Sänger/innen, wie werbe ich neue Bandmitglieder? Dazu: Fragen des Leitungsstils und der Durchführung der Probe. Und: Wo finde ich passendes Notenmaterial? Was gibt es auf dem Markt?

Arrangieren eines »Neuen Geistlichen Liedes« für Bandbesetzung
Wie trete ich mit meiner Band im Gottesdienst, wie im Konzert in Erscheinung (Fragen der Aufführungspraxis)? Wie schaffe ich es, dass die Gemeinde mitsingt? Wie werbe ich für unseren Auftritt? Dazu: Tipps zum Umgang mit Mischpult und Verstärker.

Popcorn Rap

Erster Preis beim bundesweiten Liederwettbewerb »Gottesbegegnungen« der Erzdiözese Bamberg in der Kategorie »Experimentelles Lied«:

Eine Hand voll Popcorn schwammen im Topf
mit heißem Öl und sie hatten nur eines im Kopf,
dass das lodernde Feuer unter ihnen macht,
dass sie werden, wozu sie eigentlich gedacht.
Doch die Schale um sie 'rum war noch hart
und fest.
In jedem Popcornleben ist das der Eignungstest,
ob es zulässt, dass jemand die harte Schale
knackt,
ob es diesen Schritt in sein neues Leben packt.

Lass es raus, lass es raus, was in dir steckt.
Lass es zu, dass er das Feuer deiner Leidenschaft
weckt.
Lass es zu, dass er wegfegt, was dich bremst
und dich hemmt,
und dass die Flut seiner Liebe deine Angst
wegschwemmt.

Eine Hand voll Jünger, die saßen im Haus
und die hatten echt Schiss,
die wollten nicht raus.
Da kam ein Feuer vom Himmel herab,
das brachte die Jungs und Mädels auf Trab.
Da wurden sie mutig, da wurden sie dreist,
denn sie waren erfüllt vom Heiligen Geist,
und sie fingen an, ohne lang zu fragen,
die Botschaft von Jesus weiterzusagen.

Lass es raus, ...

Stefanie Schwab, Würzburg

- Findet heraus, welche Musik-Stile in der christlichen Musik-Szene vorkommen. Ausgangspunkt kann eine Internet-Recherche zum Stichwort »Neues Geistliches Lied« sein.
- Besucht einen Gottesdienst oder ein Musikfestival, das mit neuen religiösen Liedern gestaltet wird, und bildet euch eine Meinung darüber.

Misereor/BDKJ-Jugendaktion

Bei Piraten denkt man erstmal an Abenteuer, hohe See und an den Raub kostbarer Schätze. »Biopiraterie« dagegen ist weniger abenteuerlich als existenzbedrohend, denn die Piraten, von denen wir hier sprechen, sind dabei, auf einige der wichtigsten Güter der Welt ein Monopol zu bilden, nämlich auf Nutzpflanzen wie Reis, Mais und Weizen! Ausgehend von Pflanzen, die über Generationen hinweg gezüchtet wurden, wollen große Konzerne, indem sie z. B. eine einzige der vielen Eigenschaften der Pflanze verändern, neue Sorten schaffen. Auf diese Weise eignen sich die Konzerne Pflanzen an, die einmal allen gehörten und bisher kostenlos zugänglich waren, und sie erzielen so Millionengewinne.

Die Leistungen der Bauern als Züchter der Pflanzen werden in keiner Weise gewürdigt, obwohl die patentierten Pflanzen zu 90 Prozent auf ihren Vorleistungen aufbauen. Kauft ein Bauer gentechnisch verändertes oder patentiertes Saatgut, kann er aus seiner Ernte nicht einfach wieder einen Teil als Saatgut verwenden, sondern muss dafür an den Patentinhaber Gebühren zahlen oder neues Saatgut kaufen! Für viele arme Bauern ist das der Ruin.

Und bei uns? Patentierter Reis oder genmanipulierter Weizen landen bei uns in den Supermarktregalen und auf unseren Tellern.

Und allzu oft wissen wir nicht, ob die Produkte, die wir kaufen, genetisch manipuliert oder patentiert wurden.

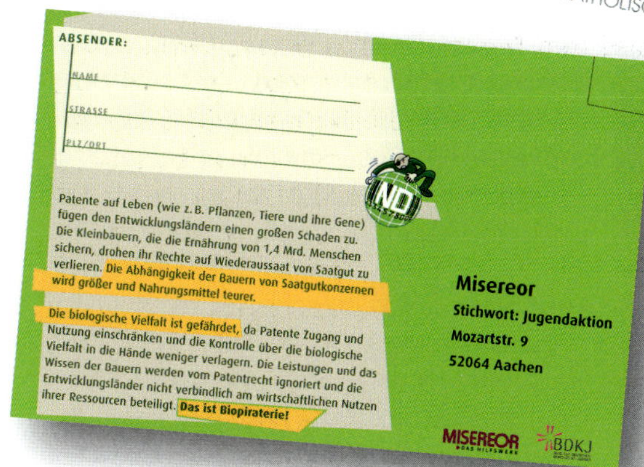

ABSENDER:

NAME

STRASSE

PLZ/ORT

Patente auf Leben (wie z. B. Pflanzen, Tiere und ihre Gene) fügen den Entwicklungsländern einen großen Schaden zu. Die Kleinbauern, die die Ernährung von 1,4 Mrd. Menschen sichern, drohen ihr Rechte auf Wiederaussaat von Saatgut zu verlieren. Die Abhängigkeit der Bauern von Saatgutkonzernen wird größer und Nahrungsmittel teurer.

Die biologische Vielfalt ist gefährdet, da Patente Zugang und Nutzung einschränken und die Kontrolle über die biologische Vielfalt in die Hände weniger verlagern. Die Leistungen und das Wissen der Bauern werden vom Patentrecht ignoriert und die Entwicklungsländer nicht verbindlich am wirtschaftlichen Nutzen ihrer Ressourcen beteiligt. **Das ist Biopiraterie!**

Misereor
Stichwort: Jugendaktion
Mozartstr. 9
52064 Aachen

Aktionen

Unterschriften an die Bundesjustizministerin übergeben

Am 8. Juli 2003 hat das Bischöfliche Hilfswerk Misereor gemeinsam mit dem BDKJ rund 7000 Unterschriften der Jugendaktion »Stoppt die Biopiraten« und 85 000 Unterschriften der Kampagne »Kein Patent auf Leben« an die Bundesjustizministerin in Berlin übergeben. Damit fordern die Unterzeichner/innen den sofortigen Stopp von »Patenten auf Leben«.

»Wegezoll«-Aktion gegen »Biopiraterie« in Olpe

»Wir haben ein Patent auf das Straßenstück angemeldet und können deshalb Gebühren erheben«, erklärten die jungen Leute um Gemeindereferent Andreas Berels den Passanten, deren Reaktionen von staunend bis verärgert reichten. Der Erlös der Aktion kam MASIPAG, einem Projekt im Rahmen von »Solidarität in der Einen Welt«* zugute.

- ► Was sollte wohl mit den beiden beschriebenen Aktionen erreicht werden?
- ► Diskutiert, wie ihr die Effektivität solcher Aktionen einschätzt.
- ► Findet heraus, was in diesem Jahr die Misereor-Jugendaktion ist, und überlegt, ob und wie ihr euch daran beteiligen könnt.

Ich bin der Weinstock, ihr seid die Reben

Jutta Mader, Mutter, Theologin und Nebenerwerbs-Winzerin

Liebe Jutta, im Johannes-Evangelium gibt es eine Bildrede, in der der Weinstock eine wichtige Rolle spielt (Joh 15,1-8). Darin wird gesagt, dass der »Winzer« Gott die Reben, die keine Frucht bringen, abschneidet und jede Rebe, die Frucht bringt, reinigt (Joh 15,2). Was ist darunter – aus Sicht des Weinbaus – zu verstehen?

Aus Sicht des Winzers ist es so, dass der Weinstock, wenn er nicht im Frühjahr beschnitten wird, verwildert. Er treibt viel zu viele »Loden« (Ästchen) aus, die dann auch alle Blüten bekommen. Die Kraft des Weinstocks reicht aber nicht, alle diese Blüten ordentlich zu ernähren. Der Weinstock bringt zwar Früchte hervor, aber sie sind sauer und klein und der Winzer hat keine gute Ernte. Um eine gute Qualität zu erhalten, schneidet der Winzer die Rebe so weit zurück, dass nur wenige, dafür aber gute Trauben reifen können. Manchmal macht man sogar im August noch eine »grüne Lese« und reduziert die Anzahl der Trauben noch einmal, damit die verbliebenen besonders gut (süß) werden. Natürlich nutzt man nur die kräftigsten und gesündesten Triebe.

Welche Bedeutung hat für dich das Bild vom Weinstock und den Reben?

Es ist mir sehr wichtig, da es mit meinem täglichen Leben viel zu tun hat. Es könnte übersetzt heißen: Man muss immer an sich arbeiten und schauen, was man wirklich zum Leben braucht. Alles, was überflüssig oder hinderlich ist um gut zu leben, sollte man sein lassen (abschneiden). Es ist wichtig, sich auf das Wesentliche zu konzentrieren, auf Beziehungen zu anderen Menschen und die Verbindung zu Gott.

Und wie verstehst du das »Fruchtbringen«?

Wir sind nicht isoliert oder nur für uns selbst da. Jeder lebt in Beziehungen und auch in gegenseitigen Abhängigkeiten. Fruchtbringend ist dies dann, wenn eine/r dem/der anderen helfen kann; wenn man da ist, wenn man gebraucht wird; wenn man sich gegenseitig stützt und aneinander freut. Alleine, d. h. abgeschnitten sein, fände ich ganz furchtbar und es würde mich vermutlich krank machen. Aber um nicht alleine zu sein, muss ich auch etwas tun, mich um andere, und auch um meinen Glauben, kümmern.

- Das Bildwort vom Weinstock und den Reben wurde von Christen nicht nur auf das eigene Leben hin gedeutet, sondern auch auf die Kirche insgesamt. Überlegt, was in diesem Zusammenhang das »Fruchtbringen« alles bedeuten kann.
- Wie wird in dem Kruzifix des Bad Doberaner Münsters (rechts) Joh 15,2 umgesetzt? Betrachtet das Bild still eine längere Zeit. Welchen Eindruck hinterlässt es?
- Neben dem Weinstock und den Reben gibt es noch andere Bilder, die im Laufe der Zeit für die Kirche verwendet wurden. Wisst ihr noch welche? (Vgl. 86 f.)

Kreuzaltar im Doberaner Münster, um 1360

Ich bin der wahre Weinstock und mein Vater ist der Winzer. Jede Rebe an mir, die keine Frucht bringt, schneidet er ab und jede Rebe, die Frucht bringt, reinigt er, damit sie mehr Frucht bringt. Ihr seid schon rein durch das Wort, das ich zu euch gesagt habe. Bleibt in mir, dann bleibe ich in euch. Wie die Rebe aus sich keine Frucht bringen kann, sondern nur, wenn sie am Weinstock bleibt, so könnt auch ihr keine Frucht bringen, wenn ihr nicht in mir bleibt. Ich bin der Weinstock, ihr seid die Reben. Wer in mir bleibt und in wem ich bleibe, der bringt reiche Frucht; denn getrennt von mir könnt ihr nichts vollbringen. Wer nicht in mir bleibt, wird wie die Rebe weggeworfen und er verdorrt. Man sammelt die Reben, wirft sie ins Feuer und sie verbrennen. Wenn ihr in mir bleibt und wenn meine Worte in euch bleiben, dann bittet um alles, was ihr wollt: Ihr werdet es erhalten. Mein Vater wird dadurch verherrlicht, dass ihr reiche Frucht bringt und meine Jünger werdet.

Joh 15,1-8

Kirche – ein lebendes Bauwerk Gottes?

Der Weidendom auf der Internationalen Gartenausstellung in Rostock 2003

Mit einer Kuppelhöhe von 15 Metern und einer Länge von 52 Metern ist der Weidendom das weltgrößte lebende Bauwerk. Während der Monate März und April 2001 wurde er aus Weidenruten der Umgebung und weiteren Naturmaterialien wie Hanf- und Kokosseilen erbaut. Dabei wurde keinerlei maschinelle Hilfe in Anspruch genommen. Die einzelnen Bögen wurden aufgerichtet und miteinander zu einer selbsttragenden Konstruktion verknüpft. Vor der Internationalen Gartenausstellung wurde in den Weidendom ein Fußboden aus roten Backsteinen eingefügt, welche unter anderem vom Abriss einer Kaserne in Parchim stammen. Als Wetterschutz hat die Hauptkuppel ein leichtes Zeltdach erhalten. Die Träger dieses Projektes sind das Erzbistum Hamburg, die Evangelisch-Lutherische Landeskirche Mecklenburg, die Pommersche Evangelische Kirche und die Nordelbische Evangelisch-Lutherische Kirche.

- Warum ist der Weidendom als ein lebendes Bauwerk ein gutes Symbol für die Kirche insgesamt? Beachtet dazu die verschiedenen Aspekte von Kirche, die ihr in diesem Kapitel kennen gelernt habt.
- Wie wird die Kirche wohl in 20 Jahren aussehen? Was ändert sich und was bleibt?

5 Lebensdeutung und Esoterik

Woher

Mächtig viel Theater

Wer alles glaubt, was sie erzählen
kann nur das kleinere Übel wählen
Wer alles tut, wie sie es sagen
beschwert sich nie, stellt keine Fragen
Passt dein Geist in ein Korsett?
Findest du Langeweile wirklich nett?
Ist das, was dich drückt
höchstens dein Schuh?
Dann hör´ mir jetzt nicht mehr zu!
Denn das hier ist für alle
die sich beim Suchen gern verirr´n
die beim Schlendern durch die Gassen
sich gewinnen, Zeit verlier´n
die gehorsam zu sich selber sind
in kleine Nischen flieh´n
und von dort das trostlos Triste
mit Spaß und Liebe ganz lebendig
fein und bunt garnier´n

Mächtig viel Theater
Hier im Labyrinth
Abseits der irren Wege, die uns vorgezeichnet sind
Mächtig viel Theater
Hier im Labyrinth
Wo immer noch Gedanken frei
und ziemlich nötig sind

Wo Ordnung das ganze Leben ist
Wo die Vernunft ihr Herz vermisst da kann auch
Wahnsinn Methode sein
Geregelt, verwaltet, gebügelt und rein
Weißt du denn, wohin du willst?
Ob du deine Rolle spielst?
Oder hängst du an Fäden und funktionierst?
Es wird Zeit, dass du dich kapierst.

PUR

Ich kam, weiß nicht woher,
ich bin, und weiß nicht wer,
Ich leb, weiß nicht wie lang,
ich sterb, und weiß nicht wann,
ich fahr, weiß nicht wohin,
mich wunderts, dass ich fröhlich bin.

Spruch aus dem Mittelalter

- Viele Lieder fragen, welchen Weg der Mensch gehen soll. Vergleicht ähnliche Lieder mit dem Text von »Mächtig viel Theater«.
- Ergänzt die Fragen des Liedes mit eigenen Fragen nach dem Sinn und Ziel des Lebens, die euch bewegen.
- Ersetzt im mittelalterlichen Gedicht einzelne Wörter: z. B. »fröhlich« durch »traurig« oder »neugierig«; was ändert sich dadurch für die Aussage des Textes?
- Überlegt, welche Lebensdeutung mit dem Labyrinth dargestellt sein könnte.

– wohin?

Wer hat nicht schon einmal einen Persönlichkeitstest gemacht? Sie sind oft in Jugendzeitschriften abgedruckt und sollen zeigen, wo dein Weg hinführt, welcher Frauen-/Männertyp du bist, wie du Aufmerksamkeit auf dich ziehen kannst, ob du alles für deine Stars tust usw. Allein beim Lesen der Überschrift packt viele die Neugier, auf einem so schnellen und sicheren Weg Erkenntnisse über die eigene Persönlichkeit und den eigenen Lebensweg zu erfahren. Problematisch wird es allerdings, wenn jemand die Ergebnisse solcher Tests unkritisch übernimmt oder viel Geld für eine Auswertung bezahlt.

Typische Fragen eines Psychotests

- Bist du momentan gestresst?
- Hast du oft das Gefühl, dass du keine Lust mehr hast?
- Fühlst du dich von anderen im Stich gelassen?
- Stellst du manchmal fest, dass dich deine Freunde nicht richtig verstehen wollen?
- Glaubst du, dass du selbst etwas für dein Glück tun kannst?
- Denkst du oft daran, dass die Menschen um dich herum nicht das Beste für dich wollen?
- Suchst du manchmal nach Lösungswegen für deine Probleme, die du aber nicht sofort finden kannst?
- Vermutest du, dass auch deine Eltern keine Hilfe für deine Probleme sein können?
- Würdest du sagen, dass du auf der Suche nach echten Freunden bist?

- ▶ Besprecht untereinander, welche Schlüsse aus der Beantwortung von Fragen, wie den oben genannten, auf deine persönliche Lebenssituation gezogen werden könnten.
- ▶ Was reizt an Persönlichkeitstests? Was will ein solcher Test feststellen?
- ▶ Bei welchen dieser Fragen würdest du einen Experten zurate ziehen?

Im Angebot: Antworten

Gläserrücken

Die Clique traf sich immer am Freitagabend bei Lisa zu Hause, weil ihre Mutter an diesem Tag immer Nachtdienst hatte. Sara hatte sich schon seit einiger Zeit beschwert, dass außer Tratsch und Videos hier auf dem Land wirklich gar nichts los sei. Sie versprach für diesen Freitag mal was Besonderes mitzubringen, damit der Abend nicht so langweilig würde. Als alle da waren, setzte sich Sara an den runden Küchentisch und forderte die anderen auf, sich im Kreis dazuzusetzen. Gespannt und neugierig lauschten alle dann Saras Erklärungen, als sie Zug um Zug ihre »Mitbringsel« auf dem Tisch ausbreitete. Neben einem kleinen Glas, das sie verkehrt herum auf den Tisch stellte, legte sie noch einen Pappring mit einer Menge Buchstaben in die Mitte des Tisches und forderte alle auf, einen Finger auf den Glasboden zu legen. »So, nun werden wir versuchen, Antworten auf unsere Fragen zu finden, die uns schon immer mal auf dem Herzen lagen. Katja, du wolltest doch schon immer wissen, wie dein Traummann heißt, oder?«

Fengshui*

Nicole freut sich riesig auf den Ausbau des Hauses. Ihre Eltern haben ihr versprochen, dass das Dachgeschoss ihr neues Revier wird und sie sogar ein eigenes Bad bekomme. Deshalb hat sich Nicole in den letzten Tagen ausgiebig mit Zeitschriften und Katalogen eingedeckt um den letzten Trends nachzuspüren und zu entdecken, was ihr gefällt. Jeden Abend diskutiert sie ausführlich mit den Eltern. Nicole ist zudem schon seit einiger Zeit von allem fasziniert, was aus Asien kommt. Das liegt sicher auch daran, dass ihr Karate-Trainer lange in Asien gelebt hat und den Jugendlichen die Philosophie dieses Sports näherbringen will: Das Wichtigste, was ein Mensch zu tun habe, sei seine eigene innere Mitte zu finden und dem alles andere unterzuordnen. Genauso oft spricht der Karate-Lehrer auch davon, dass alles auf der Welt Energie und alles mit allem verbunden sei. Auch der Mensch stehe nicht isoliert da, sondern in einer Wechselbeziehung mit der Natur.

Beim Durchblättern einiger Zeitschriften mit Wohnungseinrichtungen entdeckt Nicole einen Artikel über Fengshui. Darin findet sie vieles von dem, was sie schon kennt. »Das ist bestimmt was für mich«, denkt Nicole, als sie die Seiten mit asiatischen Schriftzeichen, Zimmerspringbrunnen und anderen fernöstlich anmutenden Dekorationen für die Wohnung betrachtet.

Mondkalender*

Klara schaut sich immer wieder im Spiegel an: von vorne, von hinten, von rechts, von links und dann dasselbe noch einmal. »Muss ich schon wieder zum Frisör gehen, oder sind die Haare doch noch nicht lang genug?«, diese Frage beschäftigt sie seit einigen Tagen. Da klingelt es an der Tür und Mira rauscht fröhlich ins Zimmer. Während sie sich auf die Couch fallen lässt, fragt sie wie immer: »Na, wie geht's? Alles im Lot, Liebste?«
»Ach, ich bin mir schon wieder so unsicher wegen meiner Haare«, klagt Klara.
»Was überlegst du denn da lange! Die müssen kürzer geschnitten werden, denen fehlt doch jede Form!«, reagiert Mira sofort.
»Meinst du, ich soll mir gleich einen Termin geben lassen oder reicht das noch nächste Woche, wenn wir Ferien haben?«, fragt Klara.
»Also ich entscheide so etwas ja jetzt immer mit dem Mondkalender, den mir meine Mutter zum Geburtstag geschenkt hat. Du weißt ja gar nicht, was man alles falsch machen kann, wenn der Mond ungünstig steht!«, gibt Mira die weise und allwissende beste Freundin.
»An so einen Kram glaubst du doch nicht etwa, oder?«, fragt Klara zurück.
»Doch, da ist wirklich etwas dran. Seit meine Mutter damit anfing, sich mit dem Mondkalender zu beschäftigen, schwört sie Stein und Bein drauf. Sogar den Termin für die Operation an ihrem Blinddarm hat sie danach ausgewählt. Und alles lief vollkommen problemlos! Überleg doch mal: Wenn der Mond das Meer beherrscht und Ebbe und Flut bestimmt, dann hat er doch sicher auch Einfluss auf uns kleine Menschen, oder?«

- ► Lest euch die Texte dieser Seite durch und überlegt, welche der angesprochenen Phänomene ihr kennt. Welche sind harmlose Spielereien, hinter welchen steckt mehr?
- ► Die Illustration karikiert den »spirituellen Supermarkt«. Welche Phänomene werden angesprochen? Wo wird übertrieben?
- ► Informiert euch im Lexikon am Ende des Buches und im Internet über Begriffe wie Esoterik*, Fengshui* und Okkultismus*. Wann sind diese Phänomene kritisch zu hinterfragen?

Das Titelbild interpretieren

Die Künstlerin Niki de Saint Phalle (1930-2002) schuf in der Toskana einen Skulpturengarten mit großen Tarotfiguren. Sie hat die Tarotkarten immer auch als Darstellung von besonderen Eigenschaften des Menschen interpretiert. Die auf 103 abgebildete Darstellung des Narren (Tarotkarte 0) soll den Menschen auf seiner spirituellen Suche darstellen. Er weiß nicht, wohin er geht, aber er ist bereit (s)eine Entdeckungsreise zu beginnen. Mit welchen Mitteln stellt die Künstlerin dieses Anliegen dar?
Schaut euch im Internet auf der Homepage von Niki de Saint Phalle weitere Skulpturen aus dem Tarotgarten an und findet heraus, welche Eigenschaften diese jeweils darstellen.

Wahrheit und Lüge

Lügendetektoren funktionieren nach einem ähnlichen Prinzip wie das Pendeln oder Gläserrücken. Ihr Einsatz bei der Wahrheitsfindung ist daher umstritten. Informiert euch auf 110, welches Prinzip dem Lügendetektor zugrunde liegt, und diskutiert die Zuverlässigkeit solcher Messungen.
Einen Lügendetektor zu bauen, ist nicht schwer. Fragt euren Physiklehrer/eure Physiklehrerin. Vielleicht könnt ihr sogar selbst einen bauen.

Labyrinthe entdecken

Das Labyrinth steht oft symbolisch für den Lebensweg des Menschen. Sammelt verschiedene Labyrinthe und folgt ihren Wegen in ruhiger Atmosphäre.
Inwieweit bilden Labyrinthe den Lebensweg eines Menschen ab?
Informiert euch über sehr alte und bekannte Labyrinthe (Knossos, Chartres etc.).

Spiritueller Supermarkt

Sicher gibt es auch bei euch vor Ort eine Fülle esoterisch angehauchter Angebote von Gruppen und Kreisen, in Volkshochschulprogrammen, Reformhäusern und anderen Einrichtungen. Sammelt Informationsmaterial, das ihr vor Ort bekommen könnt, und beurteilt es kritisch, z. B. in Bezug auf das darin transportierte Gottes- und Menschenbild (vgl. auch 20 f.).

Ein Internetprojekt starten

Teilt eure Klasse in Kleingruppen ein. Informiert euch im Internet über Sekten und erstellt Plakate oder eine Computer-Präsentation zu den einzelnen Gruppierungen.

Horoskope* unter die Lupe nehmen

Sucht im Internet oder in Tageszeitungen Preise für ein »individuelles« Horoskop. Findet heraus, worin der Unterschied zu einem »allgemeinen« Horoskop liegt.
Lest an verschiedenen Tagen die Horoskope von Tageszeitungen. Welche Formulierungen kommen immer wieder vor? Was bedeutet das für die »Voraussagewahrscheinlichkeit« eines Horoskops?
Welche Grundlagen werden zur Erstellung eines Horoskops benutzt? Beurteilt diese auch nach ihrer Verlässlichkeit.

Wer weiß noch …

… welche Gottesvorstellungen es gab und wie die Menschen Gott zu beeinflussen suchten?

… etwas über Mysterienreligionen und Aberglauben im alten Rom?

… welche Probleme durch eine fundamentalistische Haltung in einer Religion entstehen können?

Ergänzt euer Wissen durch einen Klick auf www.religionvernetzt.de.

Kartenlegen

Kartenspiele üben seit jeher eine Faszination aus. Besorgt euch Spielkarten, z. B. von »Magic«. Welche Wörter und Symbole aus Religion, Esoterik* oder Mythen* werden hier verwendet?

Eine Umfrage durchführen

Viele machen heute mit esoterischen Strömungen und Ansichten ihre eigenen Erfahrungen. Es gilt als chic, sich mit solchen Phänomenen zu beschäftigen. In einer Zeit der Sinnkrisen kommen immer mehr auf die Idee, »neue« Wege auszuprobieren.

Interviewt in eurem Bekannten- und Freundeskreis einige Personen zum Themenkreis »Esoterik«*. Fragt nach Erfahrungen mit Pendeln, Horoskopen, Wahrsagerei oder Fengshui und welche Bedeutung sie jeweils hatten. Wertet eure Ergebnisse z. B. in einer kleinen Statistik aus.

Astronomie und Astrologie – ein Widerspruch?

Heute wird deutlich unterschieden zwischen der naturwissenschaftlichen Astronomie und der parawissenschaftlichen Astrologie (siehe »Parapsychologie«*). Doch das war nicht immer so. Noch Anfang des 17. Jahrhunderts fertigte der Astronom Johannes Kepler (1571-1630) für Wallenstein im Dreißigjährigen Krieg Horoskope* an, um Entscheidungshilfen für die Durchführung einzelner Kampfhandlungen zu geben.

Sucht in Lexika oder im Internet Informationen zu Kepler und seiner Tätigkeit.

Forscht nach anderen Personen der Weltgeschichte, die auf die Aussage von Horoskopen vertrauten.

Die Begegnung mit dem Übersinnlichen

Aus der Sehnsucht* des Menschen, Antworten auf Lebensfragen wie dem persönlichen Glück zu finden und in die Zukunft zu schauen, entwickelten sich im Lauf der Menschheitsgeschichte viele Praktiken, um mit übernatürlichen Kräften in sich bzw. im Universum in Verbindung treten zu können. Dazu gehört z. B. das Erstellen von Horoskopen* 109 ebenso wie der Kontakt zu Stimmen aus dem Jenseits, Gläserrücken 106, Pendeln oder Tarotkarten*-Legen 113. Manche dieser Praktiken sind so alt wie die Menschheit selbst. Im 19. und 20. Jahrhundert fand aber eine Renaissance solcher okkulter Praktiken als Gegenbewegung zu dem aufgeklärten, nur auf Naturgesetzen beruhenden Weltbild* statt, das sich seit dem 18. Jahrhundert durchgesetzt hat.
Der Okkultismus* geht von der Übermacht menschlicher Seelenkräfte gegenüber den Naturgesetzen aus und rechnet mit der Existenz von Geistern. Er nimmt ferner eine Beseeltheit der Natur an und rechnet schließlich mit der Möglichkeit eines Entsprechungszusammenhanges von menschlicher Seele und beseelter Natur.
Manche okkulte Phänomene lassen sich aber auch wissenschaftlich erklären.

Beispiel Gläserrücken

(vgl. 106)

Das Phänomen:
Unter Gläserrücken, auch *Gläseln* genannt, versteht man eine Methode, um mittels eines umgedrehten Glases und eines Buchstabenkreises Kontakt zu den Seelen Verstorbener aufzunehmen. Die Teilnehmer/innen sitzen im Kreis um einen Tisch, in dessen Mitte sich das Glas mit dem es umgebenden Buchstabenkreis befindet. Jede/r legt einen Finger auf das Glas. Während einer Vorbereitungszeit »schwingt« sich das Glas ein. Dieses »Einschwingen« ist dann erfolgt, wenn auf die Frage »Bist du da, großer Geist?« das Glas anfängt, sich zu bewegen. Danach werden diesem Geist Fragen gestellt. Die Antworten werden dann aus den Buchstaben zusammengesetzt, zu denen das Glas der Reihe nach hinwandert.

Erklärung des Phänomens:
Es ist eine bekannte Tatsache, dass Emotionen Muskelkontraktionen auslösen. So zittert man vor Angst, oder nach einem Beinahe-Unfall schlottern einem die Knie.
Beim so genannten Lügendetektor 108 werden neben anderen Parametern auch die Mikrokontraktionen der Gesichtsmuskeln bei bestimmten Fragen gemessen. Treten bei bestimmten Fragen außergewöhnliche Reaktionen auf, dann kann man die Antwort und die unbewusste Reaktion der Muskeln miteinander vergleichen und auf mögliche Diskrepanzen zwischen beiden schließen. Dieser Zusammenhang zwischen emotionalem Erleben und Muskeltätigkeit besteht immer.
Allerdings äußert sich die Gefühlswelt des Einzelnen in der Regel nur mit kaum sichtbaren Muskelkontraktionen. Wenn man jetzt eine Gruppe von Individuen in eine Situation bringt, in der diese alle das Gleiche erwarten, werden bei allen gleiche Muskelkontraktionen auftreten. Durch die Addition der kleinen Bewegungen wird dann eine sichtbare Bewegung ausgelöst. In der »Versuchsanordnung« des Gläselns passiert genau dieses.
In der Einschwingungsphase wird die Gruppe psychisch gleichgeschaltet und in eine Situation gebracht, in der möglichst viele Teilnehmer/innen das Gleiche erwarten. Indikator hierfür ist die Frage: »Bist du da, großer Geist?« Erst wenn möglichst viele die Anwesenheit eines Geistes erwarten, wird sich das Glas bewegen. Wenn das sichergestellt ist, kann man die Fragen stellen. Die Antworten ergeben sich aus den mehrheitlichen Wünschen und Sehnsüchten der Gruppe. Die Antworten sind umso deutlicher, je einfacher die Fragen gestellt werden. Das Gläseln lässt also nicht die Geister sprechen, sondern drückt nur die kollektive (unbewusste) Meinung der Gruppe aus. Dabei sind die Bewegungen des Glases lediglich die Verstärkung der Mikrokontraktionen der beteiligten Finger- und Armmuskulaturen. Diese unbewusste Verstärkung der Bewegungen ist seit über 100 Jahren bekannt und wird als Carpenter-Effekt bezeichnet. Andere okkulte Techniken sind auf den gleichen Mechanismus zurückzuführen. Auch das Pendel ist z. B. lediglich ein Verstärker der unbewussten Muskelkontraktionen.

Unglaublich

Die Buchautorin Ingrid Malzahn schreibt in ihrer Autobiografie:

Das Medium fiel sofort in tiefe Trance. Ich hatte meinen Kassettenrekorder mitgebracht und schaltete ihn an. Nach einigen unverbindlichen Worten des Mediums hatte ich auf einmal den Eindruck, direkt über meinem Kopf eine völlig andere Stimme zu vernehmen, die voller Liebe und Güte zu mir sagte: »Wir freuen uns, mit dir Kontakt aufzunehmen, und finden es gut, dass dies mithilfe eines Mediums, das für uns als ›Kanal‹ dient, möglich ist. Wir, die ›Hüter des Lichts‹, beobachten dich seit deiner Geburt und freuen uns über deinen spirituellen Fortschritt. Wir beglückwünschen dich zu deinen Interessen. Mach nur weiter so! Nun kannst du persönliche Fragen stellen.«
Ich saß da wie ein kleines Mädchen, das eben vom lieben Gott persönlich angesprochen worden war. Mein Herz klopfte. Nach einer Atempause stellte ich Fragen, sehr persönliche. Die Antworten fielen so aus, als wäre mein Unterbewusstsein angezapft worden: Sie setzten die Kenntnis meiner persönlichen Erlebnisse und Anliegen voraus, von denen außer mir wirklich niemand wissen konnte. Es war unglaublich.

- Warum üben »okkulte« Phänomene bei vielen Menschen heute eine Faszination aus?
- Was haltet ihr davon, Geister oder Seelen Verstorbener zu befragen?
- Erklärt das Phänomen des Gläserrückens in euren eigenen Worten. Leuchtet euch die Erklärung ein? Wo habt ihr Fragen?
- Diskutiert darüber, ob es auch für das von Ingrid Malzahn beschriebene Phänomen eine natürliche Erklärung gibt.

Spiel(k)arten der Esoterik

Was ist Esoterik?

In der Antike bezeichnete man eine religiöse Betätigung, die nur für Eingeweihte und nicht für die Allgemeinheit bestimmt war, mit dem griechischen Adjektiv *esoterikos*. Heute ist »Esoterik«* ein schillernder Begriff, der eine Vielzahl von Praktiken, Lehren und Weltanschauungen in sich vereinigt. Gemeinsam ist ihnen, dass sie sich außerhalb fester Religionsgemeinschaften entwickelt haben und Antworten bzw. Angebote bieten wollen für ein bewusstes Leben mit »ganzheitlichen« Erfahrungen für Körper, Geist und Seele. Da hierfür oft pseudoreligiöse und pseudowissenschaftliche Methoden angewandt werden und zudem hinter vielen Angeboten handfeste kommerzielle Interessen stehen, ist der Begriff »Esoterik« eher negativ besetzt. Allerdings verleitet er in seiner Allgemeinheit auch zu Pauschalkritik an allen »esoterischen« Phänomenen, die im Einzelfall jedoch gar nicht zutrifft. So wäre es besser, den Begriff »Esoterik« gar nicht zu verwenden und stattdessen die Einzelphänomene zu hinterfragen.

- Geht in eine Buchhandlung (oder im Internet zu einem Online-Buchhändler) und schaut euch in der Esoterik*-Abteilung um: Zu welchen Themen gibt es Bücher? Informiert euch über die Texte auf dem Einband und im Inhaltsverzeichnis der Bücher, was darin behandelt wird.
- Sucht in Jugend- oder Frauenzeitschriften nach Anzeigen mit esoterischem Bezug. Welche Botschaften wollen die Anzeigen übermitteln? Was haltet ihr davon?
- Sucht in einem Naturkostladen/Teeregal eines Kaufhauses Teeverpackungen mit eindeutig esoterischem Bezug. Auf welche Art und Weise werden solche Produkte attraktiv gemacht? Welche Gefühle sollen beim Trinken/Verzehr geweckt werden? Wie wirken solche Produkte auf dich?

Tarot

Aus einem Anleitungsbuch zu Tarot*:
Gerade in einer Zeit wie der heutigen, wo viele Lebensorientierungen brüchig und fraglich geworden sind, ist Tarot heilsam und nützlich. Denn hier können wir unsere eigenen Auffassungen von Liebe, Tod und Teufel überprüfen. Die Tarot-Deutung gleicht bis hierher einer Schule der selbstständigen Lebensorientierung. Innerhalb des Tarot werden Sie auf keine bestimmte Weltanschauung verpflichtet. Es geht, gerade umgekehrt, darum, dass Sie hier eigene Anschauungen für die großen und die kleinen Fragen des Lebens entwickeln können.

Beim Tarot kann man gut nachvollziehen, auf welche Weise sich esoterische Lehren über viele Jahrhunderte gehalten haben und wie sie immer wieder in »modische« Trends integriert wurden.
Die ersten Tarot-Karten entstanden im 15. Jahrhundert in Italien für die dortigen bedeutenden Fürstenhäuser. Die so genannte »Renaissancezeit« gilt als Aufbruch aus dem »finsteren Mittelalter« und viele Menschen waren auf der Suche nach neuen Wegen, für die antike Traditionen wieder belebt wurden. Ein solcher »Zeitgeist« spiegelt sich in den Motiven des Tarot wider: Auf 78 Karten findet man typische Motive, Charaktere und Lebensstationen, die sich auf viele Epochen der Kulturgeschichte (Zeit der Ägypter und Babylonier, griechisch-römische Antike, Mittelalter, Renaissance) beziehen.
Die Hippie-Bewegung der 1960er-Jahre hat das Kartenlegen wieder populär gemacht. Immer wieder finden sich Informationen zu Tarot auch heute in Zeitungen und Zeitschriften.
Dabei wird mit Tarot auch viel Geschäft gemacht, angefangen von den Karten und Anleitungsbüchern bis hin zu kommerziellen Sitzungen, bei denen die Zukunftsängste der Menschen ausgenutzt werden. Sogar in satanistischen Kreisen finden bestimmte Tarotkartensätze Verwendung.

- Welche Bedeutung wird dem Tarot* in dem Text aus einem Anleitungsbuch gegeben?
- Betrachtet die abgebildeten Karten genau und versucht sie zu einer persönlichen Charaktereigenschaft oder einer Lebenssituation in Bezug zu setzen. Welche Gefahren birgt ein solches Interpretieren von zufällig gezogenen Karten?
- Warum reizt es auch heute noch viele Menschen, sich mit Tarot-Karten zu beschäftigen?

Die neuen Psychosekten ...

Die ersten paar Tage waren wirklich super bei denen. Jeden Abend nahm sich jemand Zeit für mich und wollte über die Sorgen und den Kummer meines Tages mit mir reden. Das war das erste Mal in meinem Leben, dass ich mich ernst genommen fühlte. Da gab es auch keine Gottesdienste oder so was, nur Gesprächskreise, in denen jeder sagte, was er dachte. Als ich einige Wochen bei denen war, war dann aber vom »du kannst deinen eigenen Weg finden« nichts mehr zu spüren. Die sagten klipp und klar, was jeder zu denken und zu tun hatte. Für die Kontakte nach außen war jetzt sowieso schon keine Gelegenheit mehr: von wegen der Berührung mit dem Bösen in der Welt und dass die da draußen einem ja doch nur was Böses wollten und übel über die neuen Freunde reden würden. Mit der Zeit fühlte ich mich immer einsamer, obwohl ich nie allein war. Niemand kann ahnen, was da so wirklich alles läuft.

Miriam, 14 Jahre

Zur Lage in der Bundesrepublik Deutschland

In einer Zeitschrift war folgender Bericht zu lesen:

Im Windschatten von Scientology* sind – unbemerkt von der Öffentlichkeit – hunderte kleinerer Psychogruppen über die Republik gewuchert. Sie tragen zauberhaft klingende Namen wie *Jasmuheen*, *Miracle of Lov*e oder *Avatar* – die Führer sind freilich höchst irdischer Natur. Ihre Anhänger rekrutieren sie diskret aus der boomenden Esoterik*-Szene, aus entsprechenden Volkshochschulkursen, Reformhäusern oder der Heilpraktikerszene.
Mehr als 600 Psychogruppen gibt es inzwischen in Deutschland. Tendenz steigend. Sie sind, so warnen renommierte Sektenexperten, die neue Gefahr, denn sie bergen z. T. eine neue Form von Extremismus: aggressiv, totalitär und gefährlich – und sind damit genauso bedrohlich wie Scientology.
Die selbst ernannten Heilsbringer machen ihre gläubigen Jünger hörig, betreiben oft Gehirnwäsche und Psychoterror und zocken ihre Anhänger skrupellos ab. Opfer werden dazu gebracht, sich von ihrer Familie zu lösen und im Pakt mit den Pseudogöttern ihr gesamtes Vermögen abzugeben. Die Zahl der Menschen, die in solche hochbrisanten Psychokulte zumindest vorübergehend geraten, geht in die Hunderttausende.

... und wie ich sie erkennen kann!

Was macht eine Sekte aus?

Nicht jede esoterische Gruppe ist eine Sekte, nicht jeder Kurs über asiatische Lebensphilosophie das Seminar eines Scharlatans und nicht jeder Modetrend, der ganzheitliche Prinzipien in den Mittelpunkt stellt, ist die gefährliche Heilslehre eines neuen falschen Propheten. Für die Unterscheidung einer gefährlichen Sekte von einer seriösen Religion oder harmlosen Weltanschauung sind die folgenden Fragen hilfreich. Allerdings ist für die Einstufung als Sekte nicht nur die Anzahl der zutreffenden Kriterien ausschlaggebend, sondern auch die Frage, wie ausgeprägt einzelne Aspekte auftreten.

IDEOLOGIE:

- Wird die Lehre als einzig gültige gesehen?
- Soll ein diesseitiges »Paradies« verwirklicht werden?
- Wird Rettung und Heil* nur für Anhänger versprochen?
- Gibt es eine einfache Schwarz-Weiß-Denkweise?

GRUPPENSTRUKTUR:

- Ist es eine nach außen stark abgegrenzte Gruppe?
- Existiert eine eigene Sondersprache?
- Lassen sich die Mitglieder (finanziell) ausbeuten?
- Werden Mitglieder mit unrealistischen Zielangaben unter Druck gesetzt?
- Wie sieht die Hierarchie der Gruppe aus? Wer steht »oben«?

TECHNIKEN DER PERSÖNLICHKEITSVERÄNDERUNG:

- Werden bewusstseinsverändernde Psychotechniken angewandt?
- Werden Sitzungen oder Seminare aufgezeichnet?
- Wird Angst geschürt? Wird Druck ausgeübt?
- Erscheinen die Kosten für Sitzungen oder Seminare als überteuert?

ZENTRALE FIGUR:

- Wird er/sie als Gott oder gottähnlich angesehen?
- Ist er/sie die oberste Autorität, absolute/r Herrscher/in über Recht und Unrecht?
- Gibt es schon eine Art Heiligenverehrung zu Lebzeiten?

EINFLUSS AUF DAS MITGLIED:

- Wird eine totale Hingabe gefordert?
- Lässt sich jedes Mitglied den Tagesablauf bestimmen?
- Existiert nur noch Gemeinschaftseigentum?
- Verlangt man den Abbruch der Beziehungen zu Familie und Freunden?
- Entsteht ein allmählicher Realitätsverlust?

KONTAKTE NACH AUSSEN/UMGANG MIT AUSSTEIGER(INNE)N UND KRITIKER(INNE)N:

- Wird die Außenwelt als schlecht und böse angesehen, zu der ein Mitglied keinen Kontakt haben darf?
- Gibt es keinen »legitimen Grund« zum Aussteigen?
- Werden Aussteiger/innen erpresst?
- Werden Kritiker/innen aggressiv abgewertet und öffentlich verleumdet?

► Informiert euch im Internet ausführlich über eine Sekte oder Psychogruppe und stellt ein Informationsplakat mithilfe des Fragenkatalogs zusammen. Eine gute Startplattform ist z. B. die schweizerische Homepage zu Kirchen, Sekten und Religionen.

Scientology: Information, ...

*Scientology** (»Lehre vom Wissen«) geistert in regelmäßigen Abständen durch die Medien. Es ist nicht leicht, sich einen richtigen Überblick über eine Organisation zu verschaffen, die zwar eine Kirche sein will, deren Ziel es aber u. a. ist, mit kostspieligen Kursen viel Geld zu verdienen und möglichst viele Menschen nach den eigenen Vorstellungen umzupolen. Am Anfang steht oft ein Persönlichkeitstest (vgl. 105), der Passanten auf der Straße kostenlos angeboten wird.

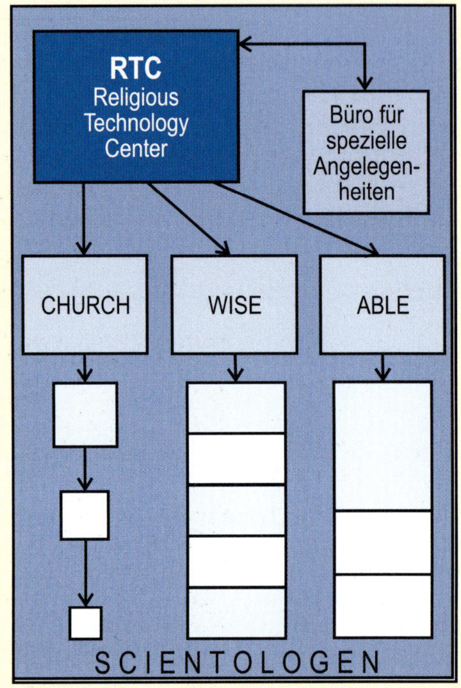

STRUKTUR

Heute wird Scientology durch das RTC (**R**eligious **T**echnology **C**enter) geleitet. Darunter gruppieren sich drei große Zweige mit unterschiedlichen Aufgaben: WISE (**W**orld **I**nstitute of **S**cientology **E**nterprises), CHURCH (die »eigentliche« *Church of Scientology*) und ABLE (**A**ssociation for **B**etter **L**iving and **E**ducation), zu dem in Deutschland z. B. die Organisation »ZIEL« (**Z**entrum für **I**ndividuelles und **E**ffektives **L**ernen) gehört.

Lehre

Jeder Mensch besteht aus drei Teilen: Körper, Verstand, »Thetan«. Der Thetan existiert seit Bestehen des Universums und wandert seither von Mensch zu Mensch. Wenn einer stirbt, sucht sich der Thetan einen neuen Körper.

Die negativen Erlebnisse, die ein Thetan macht, haben Spuren (»Engramme«) hinterlassen und sind für Krankheiten aller Art verantwortlich. Also müssen bei allen Menschen die Engramme gelöscht werden, damit es keine Krankheiten und Straftaten mehr gibt.

Mit bestimmten Methoden werden dann in der Vorstellung von Scientology die Engramme gelöscht, damit der Mensch wieder *clear* werden kann. »Dianetik« ist der Sammelbegriff dieser Methoden, die »Auditing«, »Reinigungs-Rundown«, Trainingsroutinen, Lesen der Schriften von Hubbard und aufeinander aufbauende Kurse umfassen.

Gründer

Lafayette Ron(ald) Hubbard (1911-1986?) ist der Gründer von Scientology. Er war Schriftsteller wenig erfolgreicher Science-Fiction-Romane, der sich in den 1950er-Jahren, nachdem er sich angeblich selbst von psychischen und physischen Leiden geheilt hatte, »einer modernen Wissenschaft der mentalen Gesundheit« (= Dianetik) widmete. Kurz danach verfasste er das Buch »Scientology – Die Grundlagen des Denkens«.

Make money – make more money – make other people produce so as to make money.

L. Ron Hubbard

1959 erwarb Hubbard den Landsitz »Saint Hill« in Großbritannien, der bis Mitte der 1960er-Jahre der erste Sitz der Organisation war. Nach einer Zwischenetappe in Simbabwe und einem Einreiseverbot in England residierte Hubbard auf einem Schiff, auf dem er die »Sea Org« gründete. Zur Befehlsübermittlung schuf er die »Messenger Org«, die dann wohl in den 1970er-Jahren die Macht im Konzern übernahm. In Clearwater (Florida) wurde schließlich ein Hotel zum Hauptsitz der Scientology-Organisation. 1977 wurde Hubbard zum letzten Mal gesehen, sein Todesdatum ist laut Scientology der 24. Januar 1986.

... Gefahren und Risiken!

Erfahrungen

Tanya, geboren in Simbabwe, aufgewachsen in Südafrika, machte ihren ersten Scientology-Kurs mit etwa acht Jahren, einen »Kinder-Kommunikationskurs« in Johannesburg. »Der sollte meine Beziehung zu meiner Stiefmutter verbessern«, sagt Tanya, »aber das tat er nicht.« Ihre Mutter war gestorben, als Tanya vier Jahre alt war; der Vater und seine neue Frau waren Scientologen, machten viele Kurse und zahlten einen hohen Preis. Mit 16 Jahren bricht Tanya ihre Schulausbildung in Deutschland ab und wechselt zur Eliteorganisation der Scientologen in Saint Hill (Sussex). Mithilfe der britischen Polizei und der Scientology-Beauftragten des Hamburger Senats gelingt ihr schließlich die Flucht.*

... Tanyas Erzählungen klingen wie ein Albtraum, und er dauert an. Sie berichtet, sie sei unmittelbar nach der Flucht in Hamburg, auf dem Weg zum Büro der Hamburger Scientology-Beauftragten aus einem Auto heraus von zwei unbekannten Männern angesprochen worden: »Tanya, was machst du denn hier?« Tanya dachte, einer wolle ihr die Hand geben, denn er habe ihr seine Hand entgegengestreckt, »aber dann, als ich ihm meine Hand geben wollte, hat er mich gepackt und ins Auto gezerrt«. Stundenlang hätten die Männer sie scheinbar ziellos herumgefahren, Tanya habe die Orientierung verloren. »Sie haben gesagt, ich wüsste, was passieren würde, und ich hätte es verdient.« Tanya vermutet, sie sollte zurück nach England gebracht werden. »Ich habe ja das Verbrechen begangen, dass ich einfach abgehauen bin.«
Als sie durch eine Stadt fahren, kann sie sich bei einem Ampel-Stopp losreißen, sie ruft nach der Polizei. Die Fahndung nach den Entführern blieb erfolglos, die Ermittlungen mussten ergebnislos beendet werden ...
Danach geht Tanya kaum noch allein aus dem Haus. Die erste Zeit, sagt sie, habe sie nachts kaum geschlafen, sei ständig zum Fenster gerannt, wenn unten ein Auto gehalten habe. Auch jetzt lebt sie nach außen mit einer falschen Identität, einer falschen Biografie. Trotz der Schutzmaßnahmen werde sie seit drei Wochen telefonisch terrorisiert. An manchen Abenden klingle ununterbrochen das Telefon, manchmal um drei Uhr früh, und nie sei jemand am Hörer. Dass Tanya mit ihrer Geschichte nun in dieser Zeitung stehen will, hat sie sich sehr gut überlegt: Eine Art Wiedergutmachung sei das, schließlich habe sie selbst andere Kinder für Scientology angeworben und damit vielleicht deren Leben ruiniert. Es ist aber auch, als wolle Tanya damit einen Schlussstrich unter die letzten Jahre setzen, ihre Vergangenheit bei Scientology abschließen, und ebenso ihre Kindheit in einer zerrissenen Familie. An die Presse zu gehen, gilt bei Scientologen als eine der schlimmsten Sünden ... Die Polizei sei informiert und wird jetzt bei Tanya »öfter nach dem Rechten sehen müssen«, so die Hamburger Scientology-Beauftragte. Tanya sagt: »Scientology ist Diktatur, und ich will, dass das alle wissen.«

- Beurteilt Scientology mithilfe der Kriterien von 115. Worin bestehen die Gefahren für ein Mitglied von Scientology*?
- Diskutiert über die Lebensperspektiven einer/eines Ehemaligen.
- Sucht im Internet nach Informationen zum Wort »Scientology«. Was fällt euch auf, wenn ihr nur dieses Suchwort in eine Suchmaschine eingebt? Was ist problematisch an einer »Internet-Suche«?

Wenn Angehörige oder Freunde ...

1. Sich informieren
Unbedingt Informationen über die Gruppe mithilfe des Internet (z. B. zu finden unter den Stichworten »Beratung« und »Weltanschauungsfragen«) oder von Sektenberatungsstellen einholen.

2. Keine Vorwürfe
In der Regel bringen heftige Vorwürfe nichts, sondern zeigen nur die Angst, jemanden zu verlieren, und bauen unnötige Mauern auf.

3. Fragen stellen
Interessiere dich für das Neu-Erlebte, ohne es gleich abzuwerten. Frage nach. Lass dir viel erzählen.

4. Stellung beziehen
Sei ehrlich, beziehe sachlich und eindeutig Stellung.

5. Gemeinsamkeiten stärken
Knüpfe an vergangene, gemeinsame Zeiten an. Unternimm etwas, lade z. B. gemeinsame Freunde ein.

6. Statt »Love-Bombing« lieber echte Zuneigung
Vermittle das Gefühl, dass der/die andere immer willkommen ist, egal, was passiert.

7. Kein Bargeld geben
Jedes Geld, das für die scheinbar »gute Sache« sein soll, ist zum Fenster hinausgeworfen und löst nicht einmal kurzfristig das Problem.

8. Mit anderen über die Problematik sprechen
Versuche nicht alleine, mit der Problematik fertig zu werden, frage in anderen Familien nach, ob sie schon ähnliche Erfahrungen gemacht haben. Suche z. B. auch ein persönliches Gespräch in einer Beratungsstelle für Weltanschauungsfragen.

Miriams Hände und Füße waren eiskalt. Sie lag seit Stunden wach im Bett: Ihre Schwester soll bei denen sein? Das kann nicht sein, dachte sie immer wieder. Sabine war zwar schon von klein auf ganz anders als sie, aber das mit der Sekte ist doch des Guten zu viel. Die Zeit mit den Punks war ziemlich schräg, aber das war eben so eine Phase. Aber jetzt in einer Sekte? Miriam konnte und wollte es nicht wahrhaben.
Ihre Mutter war total aufgelöst und hatte gestern Abend nur geheult, als ihre »verlorene Tochter« noch mal kurz zu Hause war. Sabine ließ gar nicht so richtig mit sich reden und war ziemlich komisch. Nur von ihren neuen Freunden wollte sie erzählen. Die alten Freundschaften und die Familie seien doch eh nie ehrlich gewesen. Jetzt werde sie endlich ernst genommen und man höre ihr wirklich zu. In der Gruppe sagten sie immer mal, wie gut sie sei und wie wichtig für alle anderen. So ein paar Streicheleinheiten für die Seele hätte es zu Hause nie gegeben. »Lasst mich am besten in Ruhe, ich weiß schon, was ich mache. Auf eure blöden Sprüche kann ich verzichten. Ich weiß schon, was ich tue«, waren ihre letzten Worte gestern. Dann krachte die Haustür ins Schloss.

- ▶ Überlegt euch, wie die Geschichte von Miriam und ihrer Schwester weitergehen könnte. Welche Möglichkeiten hat Miriam?
- ▶ Beschreibt das Bild »Der Schrei« des norwegischen Malers Edvard Munch (1863-1944).
- ▶ Schneidet aus einer Kopie des Bildes die Person im Vordergrund aus und gestaltet eine Collage, auf der die Gefährdungen des Menschen zusammengestellt sind. Sprecht darüber, warum Menschen heute anfällig für Psychogruppen und Sekten sind.
- ▶ Deutet das Bild von Edvard Munch aus den Augen von Miriam, der Mutter und der »verlorenen Tochter«, falls diese wieder aus der Sekte herauswill und nicht mehr kann.
- ▶ Spielt in der Klasse Szenen nach, die die Problematik des Lebens in einer Sekte aufgreifen: Der Freund der allein erziehenden Mutter möchte Geld für seine neuen Selbsterfahrungskurse; die Schwester hat im Studium Kontakt zu einer Gruppierung gefunden, nach deren Vorstellungen sie nun ihr ganzes Leben ausrichtet; der Bruder hat sich – seit er in die Sekte eingetreten ist – völlig verändert. Seine alten Freunde sind ihm vollkommen egal und er möchte mit niemandem aus der Familie mehr etwas unternehmen, weil er glaubt, dass sie ihm nur wieder die Leviten lesen.

... in eine Sekte geraten sind

Edvard Munch, 1893

Was das Christentum ausmacht

XX.
Weltjugendtag
Köln 2005

Stimmen zum Weltjugendtag 2005 in Köln

Hier habe ich zum ersten Mal gespürt, dass Glaube in der Gemeinschaft ganz anders rüberkommt.

Katharina, 15 Jahre

Wenn du erlebt hast, welche Stimmung hier eine ganze Woche lang geherrscht hat, obwohl nicht alles perfekt geklappt hat, dann bist du sicher: Glauben ist nicht out.

Annamaria, 14 Jahre

Hier in Köln war das Tollste, dass du Leuten aus total verschiedenen Ländern begegnet bist, die du aber trotzdem irgendwie verstehen konntest, weil jeder auf den anderen zugegangen ist und jeder dem anderen gegenüber ganz offen war.

Linus, 15 Jahre

Dass Glaube Grenzen überwindet, habe ich gemerkt, als ein Italiener vor dem Dom seine Gitarre nahm und anfing, *Laudato si* zu spielen. Plötzlich hat sich was bewegt und alle, die drum herum standen, fingen an zu singen und zu klatschen. Da ist der Funke übergesprungen.

Andreas, 16 Jahre

Leben aus Glauben

Das Wesentliche von Religion ist die Beziehung des Menschen über sich hinaus zu dem Unbekannten, das der Glaube Gott nennt, und die Fähigkeit des Menschen, aus allem Greifbaren, Messbaren heraus in diese Urbeziehung hineinzutreten. Der Mensch lebt in Beziehungen, und wie gut sein Leben wird, hängt davon ab, dass die wesentlichen Beziehungen, also Vater, Mutter, Bruder, Schwester und so weiter, dass die Grundbeziehungen, die in sein Wesen eingegraben sind, richtig werden. Aber keine der Beziehungen wird richtig, wenn die erste Beziehung, die zu Gott, nicht recht ist. Diese Beziehung selbst, würde ich sagen, ist eigentlich Inhalt von Religion.

Die Größe des Christentums liegt darin, dass es dem Menschen sich selber gibt. Einen Weg zunächst. Eine Richtung, wie er handeln und leben soll ... Ein Weg ist nur Sinn und ist daher nur zu leisten, wenn er Hoffnung auf ein Ziel gibt. Wenn er vorwärtsführt. Hoffnung aber ist letztlich für den Menschen nur die Liebe. Sie aber ist als Grund der Welt dem Glaubenden in Jesus Christus anschaulich und gewiss geworden. Und auf ihn geht der christliche Weg zu. Ja, er selbst ist dieser Weg. So könnte man, ein bisschen zu theoretisch vielleicht, die christliche Grundformel benennen: Die geglaubte und in Jesus Christus anschaulich gewordene Liebe ist als Weg die Hoffnung des Menschen.

Papst Benedikt XVI.

- Welcher wichtige Aspekt des christlichen Glaubens kommt in den Aussagen der Jugendlichen zum Weltjugendtag 2005 in Köln zur Sprache? Betrachtet dazu auch das Menschenkreuz auf dieser Seite und gestaltet selbst ein Bild zum Thema.
- Papst Benedikt XVI. beschreibt in den beiden Textausschnitten, worin das Wesentliche von Religion und die Größe des Christentums besteht. Versucht die Kernaussagen in euren eigenen Worten wiederzugeben.
- Das Motto des Weltjugendtags 2005 in Köln war: »Wir sind gekommen, um IHN anzubeten!« Beschreibt, wie dieses Motto mit dem Text Benedikts XVI. zusammenhängt.
- Was unterscheidet den christlichen Glauben von Sekten und anderen »esoterischen« Weltanschauungen?

Was ist das unterscheidend Christliche?

1. Das Leben ist ein Geschenk Gottes. Du musst dir nicht alles selbst erarbeiten, sondern kannst darauf vertrauen, dass dein Leben mit Gottes Hilfe gelingt. – Alle Techniken, die eine einseitige Selbsterlösung propagieren, sind deshalb problematisch!

2. Glaube ist kein magischer Schutzschild. Gebet und die Bitte um Segen zielen auf den Beistand Gottes. Gott lässt sich aber nicht durch exakt ausgeführte Riten, Zauberformeln und Handlungen festlegen und manipulieren. – Heilslehren, die einen übertriebenen Ritualismus einfordern, weil nur so das Leben gelingt, sind verdächtig!

3. Der Glaube befreit. Wenn eine Praktik so einengt, dass das Leben zur Qual wird und die Mitmenschen darunter leiden, dann läuft etwas schief. Auch ein übermäßiger Fitness- oder Wellness-Trip kann hierzu zählen, ebenso wie der (Aber-)Glaube an bestimmte Gesetzmäßigkeiten (Freitag, den 13., die schwarze Katze von rechts, die Wirkung bestimmter Socken als Erfolgsgarantie etc.). Die freie Zustimmung der Mitglieder stellt ein wichtiges Kriterium für die Glaubwürdigkeit einer Religionsgemeinschaft dar.

4. Der Glaube ist gratis, aber nicht wirkungslos. Gott sei Dank sind die kirchlichen Heilsangebote kostenlos oder mit geringen Kostenerstattungen verbunden. – Das ist bei vielen Sekten anders. Anderseits verpflichtet der Glaube zum Handeln in der Welt; man bleibt nicht nur bei sich selber stehen.

5. Christlicher Glaube ist auf Gemeinschaft angelegt. Viele esoterische Praktiken zielen nur auf individuelles Heil*; viele Sekten blenden soziales Handeln und Weltverantwortung aus, andere beschränken die Heilsversprechung nur auf eine Minderheit.

6. Über seinen Glauben kann man reden und Rechenschaft ablegen; er muss auch für Außenstehende nachvollziehbar sein. – Entgegen einer Sektenmentalität, bei der Glaubenssätze auswendig heruntergespult werden oder man über ihn nicht mit Außenstehenden spricht, bemühen sich Christinnen und Christen darum, dass Menschen den Glauben auch verstehen und ihn in ihrer Lebenswelt zu deuten vermögen.

Edith Peres-Lethmate, 1985

7. Glaube ist etwas für Herz, Kopf und Hand. Der Glaube bietet Feste und Bräuche, aber auch ein Grundgerüst von Glaubensüberzeugungen und -wissenselementen und eine Anleitung zum »guten« Leben. – Wenn bestimmte Techniken nur dazu führen, »high« zu werden, oder Erlebnisse bieten, die im Kontrast zum tristen Alltag stehen, aber nicht dazu beitragen, dass der Alltag auch besser bewältigt wird, dann ist das zu einseitig.

8. Der christliche Glaube ist entschieden und weit. Ein Christ glaubt an den dreieinen Gott, die Auferstehung Jesu Christi, an das Gebot der Gottes- und Nächstenliebe. Diesen Glauben kann und muss man mit weiteren Elementen füllen – Gebeten, Riten, Überzeugungen, Handlungen. Insofern lassen sich auch viele Lebensdeutungs-Angebote mit dem Christentum vereinbaren. – Als problematisch erscheint es, wenn in Sekten jegliche Abweichung bestraft wird und jeder Kontakt mit anderen Religionen als verboten gilt.

Rat und Ruhe finden

Die Arbeit eines Weltanschauungsbeauftragten

Menschen, die in Sachen Sekten Rat suchen, brauchen seelsorglichen Beistand. Die christlichen Kirchen betrachten es darum als eine ihrer wichtigsten pastoralen Aufgaben, Betroffenen zur Seite zu stehen. Deshalb leisten sie sich sowohl in den Bistümern und Landeskirchen als auch auf nationaler Ebene Fachleute, welche die vielfältige Religiosität beobachten und erforschen.
Hubert Kohle ist Referent für Religions- und Weltanschauungsfragen im Bistum Augsburg. Im folgenden Interview beantwortet er Fragen zu seiner Arbeit:

Welche Aufgabe hat ein Weltanschauungsbeauftragter?
Kirchen wollen mit ihren Weltanschauungsbeauftragten vor allem Menschen helfen, die entweder selbst auf der Suche sind oder sich im Umfeld von solchen Menschen befinden, die sich aufgrund ihrer weltanschaulichen Neuorientierung stark verändert haben. Meist verstehen Angehörige oder Freunde nicht, warum solches geschehen kann. Außerdem sind Weltanschauungsbeauftragte ein Seismograf für gesellschaftliche Entwicklungen und können Anregungen für die Pastoral geben.

Welche Hilfe bietet ein Weltanschauungsbeauftragter?
Zuerst geht es darum, Ansprechpartner zu sein. Wichtig ist, Informationen über religiöse Themen oder Gruppen zu geben, Veränderungen bei Menschen zu verstehen und evtl. an mögliche weitere Fachleute zu verweisen (z. B. Eheberatung, Rechtsanwalt, Psychologe).

Worin liegt das Christliche dieser Arbeit?
Christlich orientiert ist die Tätigkeit zum einen, weil es darum geht, Menschen – ganz gleich, welche religiöse Überzeugung sie haben – zu helfen. Entweder um ihre religiöse Einstellung besprechen zu können oder anderen zu helfen, Veränderungsprozesse aufgrund religiöser Neuorientierung (besser) zu verstehen. Dazu dient u. a. das christliche Menschenbild, das den Menschen als Geschöpf versteht: als ein Individuum, das nicht aus sich heraus alles kann und (er-)schafft, sondern sich einem Anderen, Größeren (nämlich Gott) verdankt und sich von diesem geliebt weiß. Gott wird dabei nicht als eine anonyme »kosmische Größe« verstanden, sondern als ein Gegenüber, ein »Du«.

SCHON GEWUSST?
Seit den 1980er-Jahren wird lieber der Begriff »Weltanschauungsbeauftragte/r« verwendet, weil die Bezeichnung »Sektenberatung« zu einschränkend wirkte. Mit »Sekten« meint man heute im Allgemeinen eine »Gruppe, die mit ihrer Ideologie abhängig macht und konfliktträchtig ist«. Früher war der Begriff eher wertneutral gemeint als »Gruppe von Abweichlern aus einer Großgruppe«.

Zu einem großen Teil fühlen sich heute die Menschen nicht mehr kirchlich gebunden. Trotz allem ist in unserer Gesellschaft zu beobachten:
- dass ein Bedürfnis nach religiöser Erfahrung vorhanden ist,
- dass ein Hunger nach spiritueller Entwicklung und Anleitung besteht,
- dass viele auf der Suche nach geistiger Orientierung sind.

- Informiert euch im Internet unter den Stichworten »Beratung« und »Weltanschauungsfragen«, wer der Weltanschauungsbeauftragte eurer Diözese ist.
- Diskutiert, warum in den Kirchen Sehnsüchte heutiger Menschen oft viel zu wenig erfüllt werden. Welche Möglichkeiten haben die Kirchen, auf die oben genannten Bedürfnisse zu reagieren?

Urlaub beim Herrn – Wellness im Kloster

Der liebe Gott muss richtig gute Laune machen. Schwester Scholastika (38) sitzt unter einem Apfelbaum und kichert wie ein Kind. Sie würde wohl auch in die Luft springen, ohne sich ihrer Freude zu schämen. »Je länger ich hier bin«, sagt Schwester Scholastika, »umso glücklicher und gelassener werde ich.« 13 Jahre ist sie nun schon im Kloster Arenberg. Und wer sie sieht, denkt: So gut möchte ich auch drauf sein, jeden Tag. »Kein Problem«, sagt die Schwester, »machen Sie sich auf den Weg!«
Der erste Schritt: Ein Urlaub im Kloster. Geht nicht? Das geht schon ewig und drei Tage. »Jedem erweise man die gebührende Ehre«, schreibt der heilige Benedikt in seiner Ordensregel, »Gäste nehme man auf wie Christus selbst.« Hinter dicken Mauern hat jedes Kloster ein paar Zimmer frei. Besucher können eine Zeit lang das Leben der Mönche oder Nonnen teilen, mit ihnen reden und schweigen, früh um vier aus dem Bett kriechen und abends um acht wieder hinein. Es gibt Exerzitien, Kräuterwochen und Fastenkuren.
Scholastika und ihre Schwestern probieren zudem etwas ganz Neues: Wellness im Kloster, Aquafitness und Herz-Jesu-Gebet, gregorianische Gesänge und Gelenktraining, Meditation und Massage. Ganzheitliche Erholung für Leib und Seele. Bäder mit Brandungsrauschen, Heusack und Heißluft. Nach Jahrhunderten mönchischer Plackerei hat das Christentum seinen ersten Club Med.

Aus der Illustrierten »Stern« vom 30. Oktober 2003

- ▶ Was ist das Besondere am Angebot der Arenberger Dominikanerinnen?
  Weitergehende Informationen könnt ihr im Internet unter auf der Homepage des Klosters Arenberg finden.
- ▶ Sammelt Ideen, wie Kirchen und kirchliche Einrichtungen noch auf die Bedürfnisse und Sehnsüchte* heutiger Menschen eingehen können.
- ▶ Wo seht ihr die Grenzen kirchlichen Engagements auf dem »ganzheitlichen« Markt?

Kosmos und Mensch

In ihrem Buch »*Liber divinorum operum* – Welt und Mensch« arbeitet Hildegard von Bingen (1098-1179) die Beziehung zwischen Gott, Kosmos und Mensch klar heraus:
Der Mensch wird als Mikrokosmos (= kleine Welt) dargestellt, der in allen körperlichen und geistigen Bedingungen die Ordnung des gesamten Makrokosmos (= große, umfassende Welt, Universum) widerspiegelt.
Hildegard war überzeugt davon, dass alles miteinander in Beziehung steht, ja sogar miteinander verbunden und letztlich in Gottes Liebe untrennbar vereint ist.

- ► Betrachtet das Bild aus dem Buch Hildegards und erklärt, wie es die Beziehung zwischen Gott, Kosmos und Mensch künstlerisch darstellt.
- ► Auch viele esoterische und spirituelle Bewegungen berufen sich heute auf die enge Beziehung zwischen Kosmos und Mensch. Was unterscheidet solche Ansätze vom Christentum?
- ► Auf welche Art und Weise kann heute das Christentum wieder neu die Beziehung Gott – Kosmos – Mensch in den Mittelpunkt ihrer Arbeit stellen?

Lexikon

Adam und Eva
Mythisches erstes Menschenpaar aus der Schöpfungserzählung in Gen 2,4bff. Der Name des erstgeschaffenen »Adam« leitet sich ab von hebr. *adamah*, der Erdboden. Adam ist also eigentlich kein Eigenname, sondern die Gattungsbezeichnung »Erdling«, da Gott ihn aus Erde formt. Die Frau, aus der Rippe des Mannes geschaffen »als sein Gegenüber«, erhält nach der Vertreibung aus dem Garten Eden den Namen »Eva«, abgeleitet vom hebr. »Leben«. Der Apostel Paulus deutet Jesus als den neuen Adam, der den Sündenfall des ersten Adam durch seinen Kreuzestod sühnt.

Ätiologie (griech. = die Rede von dem Grund)
Eine Ätiologie ist eine überlieferte Erzählung, die in Form eines → Mythos den Grund für eine bestehende Tatsache erklärt. So ist die Erzählung vom Fall des Menschen und der Vertreibung aus dem Paradies (Gen 3) eine Ätiologie, denn es wird erzählt, warum z. B. Schlangen auf dem Boden kriechen, Menschen arbeiten und Frauen unter Schmerzen gebären.

Amok
Das Wort »Amok« stammt aus dem Malaiischen *(meng-âmok)* und bedeutet »in blinder Wut angreifen und töten«. Amok ist eine psychische Situation, in der ein Mensch völlig außer sich gerät und totale Gewalt anwendet. Den Täter/die Täterin nennt man Amokläufer/in.

Armutsbewegungen
Im Mittelalter entdeckten diverse Anhänger der Armutsbewegungen das christliche Ideal der Armut wieder (→ Franz von Assisi). Sie lehnten Reichtum und Besitz als unchristlich ab und wollten dem armen Christus nachfolgen. Es entstanden die so genannten »Bettelorden« der Franziskaner und Dominikaner (→ Inquisition), deren Mitglieder von ihrer Arbeit und Almosen leben. Der Orden der Augustiner-Eremiten, dem → Luther als Mönch angehörte, zählt ebenfalls zu den Bettelorden. Aber auch außerhalb der Orden wurden im Hochmittelalter ordensähnliche Gemeinschaften gegründet, die sich radikal dem Ideal der Armut verpflichteten, so z. B. die um 1170 in Lyon entstandene Laiengemeinschaft der Waldenser um Petrus Waldes, der jedoch wegen der Praxis der Laienpredigt exkommuniziert wurde.

Artes liberales (lat. = die freien Künste)
Die sieben freien Künste antiker Tradition (eingeteilt in das *Trivium* von Grammatik, Rhetorik, Dialektik und das *Quadrivium* von Arithmetik, Geometrie, Astronomie, Musik) gehörten im Mittelalter zum Grundstudium und Grundwissen des gebildeten Menschen.

Augsburger Religionsfriede
Als Kompromiss im Streit zwischen katholischer und lutherischer Konfession wurde nach Verhandlungen zwischen König Ferdinand I. und den Reichsständen am 25. September 1555 der Augsburger Religionsfriede erklärt. Um den Religionsfrieden im Reich wiederherzustellen, wurde für die Reichsstände die Formel *cuius regio, eius religio* (»wessen Herrschaft, dessen Religion«) gefunden. Der weltliche Landesherr entschied also über die Religion seines Landes. Die Untertanen mussten entweder seine Konfession annehmen oder auswandern. Geistliche Fürsten hingegen verloren beim Glaubenswechsel ihre Ämter und Würden (»geistlicher Vorbehalt«). Der Religionsfriede hielt gute 60 Jahre bis zum Dreißigjährigen Krieg (1618-1648).

Beichte
Beichten bedeutet, dass man alle → Sünden einem Beichtvater im Gespräch unter vier Augen bekennt. Der/die Beichtende sollte dabei ehrlich Reue empfinden und den wirklichen Vorsatz, sich zu bessern, mitbringen. Im Namen Christi erteilt der Priester die Lossprechung. So wird die Beichte zum Sakrament der Versöhnung (→ Buße).
Zur Vorbereitung auf die Beichte kennt die katholische Kirche den »Beichtspiegel«. Er beschreibt zunächst den Grundsatz christlichen Lebens, das Gute zu tun und das Böse zu meiden, und enthält konkrete Fragen, die sich u. a. auf Schwierigkeiten und Vergehen in den unterschiedlichsten Bereichen des menschlichen Lebens und im Umgang mit den Zehn Geboten beziehen. Manchmal gibt der Beichtvater ein Bußwerk auf, z. B. ein Gebet oder eine gute Tat. Dadurch hat der Beichtende die Möglichkeit, seinem guten Willen Ausdruck zu verleihen. Die Beichte unterscheidet sich von anderen Seelsorgegesprächen (z. B. Telefon- oder Internetseelsorge, Schwangeren- oder Suchtberatung etc.) durch die sakramentale Absolution (= Lossprechung). Diese kann in der katholischen Kirche nur durch einen geweihten Priester in Gegenwart des/der Beichtenden erteilt werden

(Beichte via Internet oder Telefon ist nicht erlaubt). Die Lossprechungsformel lautet:
Gott, der barmherzige Vater, hat durch den Tod und die Auferstehung seines Sohnes, unseres Herrn Jesus Christus, die Welt mit sich versöhnt und den Heiligen Geist gesandt zur Vergebung der Sünden. So spreche ich dich los von deinen Sünden im Namen des Vaters und des Sohnes und des Heiligen Geistes.
In allen Kirchen kennt man das »Beichtgeheimnis«: Der/die Seelsorger/in ist zu strengster Verschwiegenheit verpflichtet über alles, was in der Beichte zur Sprache kam. Er/sie darf auch niemanden auf eine frühere Beichte ansprechen.

Bistum/Diözese

Ein Bistum/eine Diözese ist der Verantwortungsbereich eines Bischofs, in dem viele Pfarrgemeinden zusammen verwaltet werden. Bereits im 8. Jahrhundert hat der hl. Bonifatius die Grenzen der Bistümer in Deutschland festgelegt, die zum Teil auch heute noch gelten. Die Diözesen sind nach ihrer Bischofsstadt benannt. Verschiedene Bistümer einer Region bilden eine Kirchenprovinz. Das bedeutendste unter ihnen ist das Erzbistum. Der Erzbischof ist auch Leiter der Kirchenprovinz. In Bayern sind Bamberg und München-Freising Erzbistümer.
Jede Diözese hat ein Ordinariat als Zentralbehörde zur Verwaltung aller kirchlichen Angelegenheiten im Bistum. Zu einem Generalvikariat gehören unter anderem eine Finanzkammer, ein Personalreferat, ein Seelsorgeamt, eine Schulabteilung und eine Abteilung für Bauwesen, Kunst und Denkmalschutz.
Weitere Informationen zum Thema bietet die Homepage der Deutschen Bischofskonferenz.

Dom zu Eichstätt: Eichstätt und Freising sind seit dem 8. Jahrhundert Bischofssitze und gehören damit zu den ältesten → Bistümern in Deutschland.

Bora, Katharina von (1499-1552)

Katharina von → Bora

Geboren am 29. Januar 1499, wurde das Mädchen nach dem Tod der Mutter schon mit fünf Jahren ins Kloster gegeben, zunächst ins Benediktinerinnenkloster Breda, später zu den Zisterzienserinnen des Klosters Mariathron bei Nimbschen in der Gegend von Grimma, wo sie von 1509 bis 1523 zurückgezogen lebte. Im Zuge der → Reformation floh sie zusammen mit elf anderen Nonnen in Fässern heimlich aus dem Kloster, begeistert von → Luther und seinen flammenden Schriften. Sie verliebte sich in den Reformator und heiratete ihn am 13. Juni 1525. Katharina gebar sechs Kinder, von denen zwei früh starben. Sie verwaltete Luthers Haus und ließ sich selbst von der Pest nicht aus Wittenberg vertreiben. Katharina von Bora starb am 20. Dezember 1552 in Torgau.

Bulle

Bezeichnung für besondere päpstliche Urkunden, die mit einer »Bulle«, d. h. einem kreisrunden Siegel versiegelt waren und wichtige Rechtsakte des Papstes enthielten. Bullen werden meist nach ihren lateinischen Anfangsworten benannt. Die Bulle *Exsurge domine* (1520), die → Luther provokativ öffentlich verbrannte, enthielt die Androhung des → Kirchenbanns gegen ihn.

Buße
Im christlichen Verständnis ist mit Buße ein »Umdenken« (griech. *metanoia*) des Menschen gemeint. Der Mensch, der sich durch die → Sünde von Gott entfernt hat, ist durch Gottes Gnade in der Lage, seine → Schuld zu erkennen und zu bereuen. Dies kann er in der → Beichte zum Ausdruck bringen. Die Sinnesänderung und damit der Beginn eines neuen Lebens führt den Menschen vollständig versöhnt zu Gott. Das zugehörige → Sakrament ist das Bußsakrament, auch Sakrament der Versöhnung genannt. Unter Buße ist auch ein freiwilliges Werk zur Wiedergutmachung zu verstehen, mit dem die Umkehr untermauert wird.

Diakonia
→ Grunddimensionen der Kirche

Dilemma
Unter Dilemma versteht man die Schwierigkeit der Wahl zwischen zwei Dingen oder Handlungen, wenn für beide gleichwertige Gründe sprechen.

Diözese
→ Bistum/Diözese

Eskalation
(engl.: *escalation*; zu *escalator* = Rolltreppe)
Unter Eskalation versteht man die zunehmend unkontrollierte Ausweitung und Steigerung bei der Anwendung von ursprünglich politischen oder militärischen Mitteln. Der Begriff kann auch für die Steigerung verbaler Gewalt und aller Arten von Angriffen verwendet werden.

Esoterik
In der Antike bezeichnete *esoterikos* die nur für einen kleinen Schülerkreis bestimmte Lehre eines Philosophen, gleichbedeutend mit »für Eingeweihte« oder »zum inneren Kreis gehörig«. Später setzte sich in der Umgangssprache immer mehr die Bedeutung »Geheimlehre« bzw. das »innere, verborgene, geheime Wissen« durch, wozu auch damals schon u. a. Astrologie und Zahlenmystik zählten (→ Okkultismus).
Heute wird Esoterik als Sammelbegriff für alle möglichen Praktiken, Lehren und Weltanschauungen verwendet, denen gemeinsam ist, dass die Welt für sie nicht alleine durch Naturwissenschaft und traditionelle Religionen erklärt werden kann. Esoterik bezeichnet aber auch innere Wege, auf denen bestimmte spirituelle Erfahrungen gemacht werden können. Schwierig ist die exakte Trennung zwischen pseudo-wissenschaftlicher Esoterik und anerkannter philosophischer, psychologischer oder theologischer Weltanschauung, da auch diese sich mit einer Wirklichkeit auseinandersetzen, die sich naturwissenschaftlicher Erkenntnis entzieht. Insofern wäre es besser, auf den Esoterik-Begriff zu verzichten und die Einzelphänomene konkret zu benennen und zu beurteilen.

Ethnische Gruppen (griech. *ethnos* = Volk)
Eine ethnische Gruppe definiert sich über ihre Zugehörigkeit zu einer gemeinsamen Kultur. Das Zugehörigkeitsgefühl kann sich aufgrund der gemeinsamen Sprache, einer gemeinsamen (realen oder vorgestellten) Abstammung, einer gemeinsamen Geschichte, gemeinsamer Sitten und Bräuche, gemeinsamer Hautfarbe und vieler anderer Dinge mehr ergeben.
In vielen Ländern Lateinamerikas – auch in Kolumbien – bedeutet die Zugehörigkeit zu einer bestimmten ethnischen Gruppe auch die Zugehörigkeit zu einer bestimmten sozialen Schicht. So gehören Weiße (Menschen europäischer Abstammung) meist zu den Wohlhabenden und Herrschenden, wohingegen Schwarze (Menschen afrikanischer Abstammung), Mulatten (Menschen europäisch-afrikanischer Abstammung) und Mestizen (Menschen europäisch-indianischer Abstammung) häufig zu den Armen und Machtlosen zählen.

Evolution
Evolution bezeichnet die langsame, kontinuierlich fortschreitende Entwicklung in großen zeitlichen Perioden. Aus Sicht der Biologie ist auf der Ebene der unterschiedlichen Arten der Verlauf der Stammesgeschichte von niedrigsten zu hochkomplexen Lebensformen gemeint. Auf der Ebene einzelner Individuen bzw. Genomen verläuft die Entwicklung dagegen sprunghaft.

Fengshui (chin. = Wind-Wasser)
Fengshui bezeichnet die Kunst der harmonischen Lebens- und Wohnraumgestaltung, die auf verschiedenen Prinzipien der traditionellen chinesischen Philosophie und Religion beruht. Ziel des Fengshui ist ein umfassendes Wohlbefinden für Körper, Geist und Seele in Harmonie mit allem Lebenden.
Bei der Haus- und Gartenarchitektur sowie bei Zimmereinrichtungen gewinnen Fengshui-Kriterien auch in unserem Kulturkreis immer mehr an Bedeutung.

Franz von Assisi (1181/2-1226)
Franz von Assisi wurde entweder 1181 oder 1182 als Sohn eines wohl-

Giotto di Bondone, → Franz von Assisi predigt den Vögeln, 1295/1300

habenden Kaufmanns geboren und auf den Namen Giovanni Bernardone getauft. Schon früh nannte man ihn wegen seiner französischen Mutter »Francesco« (= das Französlein).

In seiner Jugend lebte Franz unbeschwert und sorgenlos. Als er jedoch im Städtekrieg zwischen Assisi und Perugia mit etwa 20 Jahren in Gefangenschaft geriet und anschließend erkrankte, erfolgte ein Sinneswandel: Er kehrte nach Assisi zurück und begann Leprakranke zu pflegen.

1208 hörte Franz während einer Messe das Evangelium Mt 10,5-20 und nahm die Aufforderung, auf jeden Besitz zu verzichten und Gutes in der Welt zu tun, wörtlich. Mit zwölf Gefährten zog er umher, predigte und lebte nur von Almosen. Dieser Lebensstil faszinierte viele Menschen in jener Zeit (→ Armutsbewegungen) und so wuchs die Gemeinschaft schnell an. 1210 wurde sie als Orden der »Minoriten« (= Minderbrüder) von Papst Innozenz III. anerkannt.

Zeit seines Lebens prägte Franz von Assisi eine große Liebe zur gesamten Schöpfung. Er betrachtete sie als ein Lob des Schöpfers. In seinem »Sonnengesang«, den er gegen Ende seines Lebens schrieb, bezeichnet Franz alle Geschöpfe als seine Brüder und Schwestern. Er starb am 3. Oktober 1226.

Auf Bildern wird der heilige Franziskus meist mit den Wundmalen Jesu, mit Tieren wie Wolf, Lamm, Fischen und vor allem Vögeln dargestellt. Er gilt als der Patron von Italien und Assisi, der Armen, Lahmen, Blinden, Strafgefangenen und Schiffbrüchigen, der Weber, Tuchhändler, Schneider, Kaufleute, Flachshändler, Tapetenhändler, der Sozialarbeit und des Umweltschutzes.

Gegenreformation

Der Begriff »Gegenreformation« wurde im Lauf der Geschichte für unterschiedliche Phänomene verwendet. So bezeichnete man z. B. das gewaltsame Zurückführen eines protestantischen Gebiets zum katholischen Bekenntnis ebenso damit wie die Reformbemühungen der katholischen Kirche als Reaktion auf die → Reformation. Schließlich wurde auch die ganze Epoche nach der eigentlichen Reformation mit diesem Begriff benannt. Da heute eine genauere Unterscheidung dieser Phänomene bevorzugt wird, verwendet man andere Formulierungen: Mit »Zeitalter der Konfessionalisierung« bezeichnet man die Zeit der Bildung und Abgrenzung der einzelnen Kon-

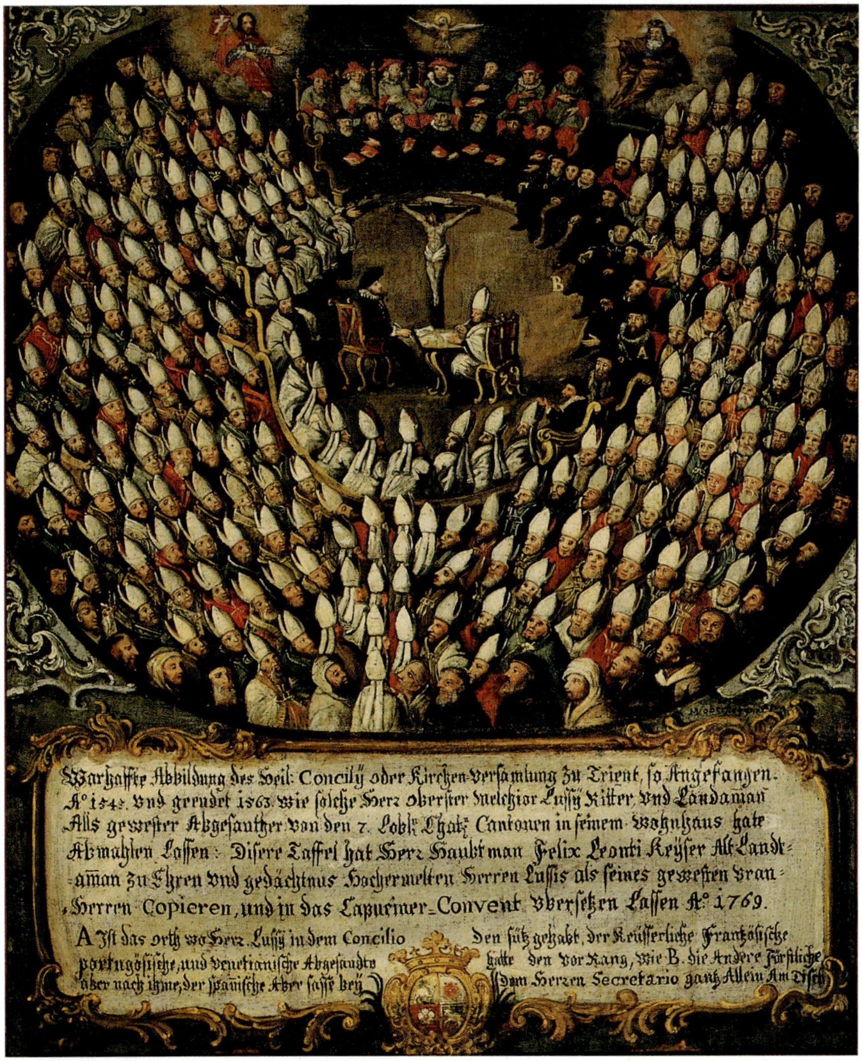

Das Konzil von Trient (1545-1563) gilt als Höhepunkt der → Gegenreformation. Das Gemälde stammt aus dem Kloster Stans, Schweiz.

fessionen, mit »katholischer Reform« die durch die reformatorische Kritik ausgelösten Bemühungen der katholischen Kirche um innere Reform. Höhepunkt der Gegenreformation war das Konzil von Trient (1545-1563), das die katholischen Antworten auf → Luther formuliert und eine Neubelebung des Glaubens in der katholischen Kirche angestoßen hat. Das Konzil verbot u. a. Geldzahlungen für Ablässe, verbesserte die Bildung der Priester und Laien, verteidigte die Siebenzahl der Sakramente und ebenso die lateinische Messe. Als Quellen der Glaubenslehre definierte es Schrift *und* kirchliche Tradition.

Gentechnik

Gentechnik ist ein Verfahren, mit dem durch gezielte Eingriffe das genetische Material (Erbmaterial) eines Organismus verändert wird. Man unterscheidet die »Rote Gentechnik« (Anwendung in der Medizin), die »Grüne Gentechnik« (Anwendung auf Pflanzen) und die »Graue Gentechnik« (Eingriffe in die biochemischen Steuerungsvorgänge von Mikroorganismen). Das besondere Augenmerk der Gentechnik gilt den Methoden zur Isolierung von Genen und zur Herstellung neu kombinierter DNA. (Die Desoxyribonukleinsäure [dt. DNS, engl. DNA] ist ein sehr großes Molekül, das als Träger der Erbinformation dient.)
Etliche Produkte, die für Menschen von Interesse sind, werden industriell mithilfe genmanipulierter Bakterien hergestellt, z. B. Insulin im medizinischen Bereich. In der Landwirtschaft werden Nutzpflanzen »optimiert«. Dabei wird z. B. deren Widerstandskraft gegen »Schädlinge« erhöht oder ihre Fortpflanzungsfähigkeit verändert. Es gibt hierbei auch Risiken wie z. B. die ungewollte Verbreitung genmanipulierter Pflanzen durch den Pollenflug. Um die Gefahren der Gentechnik unter Kontrolle zu halten, sind strenge Bestimmungen nötig.

Gerechtigkeit

Gerechtigkeit ist ein ethischer Wert und eine der vier christlichen Kardinaltugenden, ausgerichtet an dem Versuch »jedem das Seine« zukommen zu lassen.
Im Alten Testament kommt Gerechtigkeit in verschiedenen Zusammenhängen vor. Sie meint die Gleichheit vor Gericht, zeichnet das Verhalten weiser Könige aus und fordert jeden dazu auf, den Mitmenschen Achtung entgegenzubringen, auch wenn diese Untergebene oder gesellschaftlich Ausgestoßene sind. So ist auch das Sabbatgebot in Ex 20,10 bzw. Dtn 5,14 zu verstehen, wonach nicht einmal Sklaven und Tiere am Sabbat arbeiten sollen. Im AT beschreibt Gerechtigkeit also ein lebensfreundliches Verhalten gegenüber der ge-

Die Verkörperung der → Gerechtigkeit wird in der Bildenden Kunst häufig als Frauengestalt mit verbundenen Augen sowie Schwert und Waage in den Händen dargestellt. Dies soll verdeutlichen, dass das Recht ohne Ansehen der Person (Augenbinde) nach sorgfältiger Abwägung der Sachlage (Waage) gesprochen und schließlich mit der nötigen Härte (Richtschwert) durchgesetzt wird. Der abgebildete Kupferstich wurde von Jacques de Gheyn II (ca. 1565-1629) geschaffen.

samten Schöpfung. Insgesamt meint ein Leben in Gerechtigkeit ein gelingendes und erfülltes Leben, das den Geboten Gottes entspricht.
Auch im Neuen Testament wird die Gerechtigkeit als Lebenshaltung gemäß der Gebote Gottes verstanden. Darüber hinaus kommt aber der Gerechtigkeit, die von Gott aufgrund des Glaubens dem Menschen geschenkt wird, eine besondere Bedeutung zu. Sie steht bei Paulus im Zentrum seiner Lehre über die → Rechtfertigung.
In der Gegenwart spielt vor allem die Frage nach der sozialen Gerechtigkeit eine wichtige Rolle. Dabei geht es sowohl um das Verhältnis Reich zu Arm (z. B. die Frage nach einem Schuldenerlass für arme Länder) als auch um das Verhalten des Menschen gegenüber der nichtmenschlichen Schöpfung (z. B. um die Ausbeutung der Natur durch Raubbau am Urwald).

Grunddimensionen/ Grundvollzüge der Kirche

Vier Grunddimensionen machen die Kirche aus: *Leiturgia, Koinonia, Martyria, Diakonia.*
Sie haben auf allen Ebenen der Kirchenstruktur (Pfarreien, Bistümer, Weltkirche) ihre Gültigkeit. Gemeinsam mit allen Gläubigen müssen Pfarrer, Bischöfe und Papst diese Grundvollzüge vertreten und umsetzen.

- *Diakonia* (Hilfe):
  Diakonia ist soziales Handeln im christlichen Auftrag. Sie geschieht, wenn Christinnen und Christen sich anderen Menschen zuwenden, um ihnen zu helfen. Besonders rücken hierbei die Notleidenden in den Blick – zu Hause und in der ganzen Welt. Deshalb wird im diakonischen Handeln auch die politische Verantwortung der Christinnen und Christen für das Wohl der ganzen Gesellschaft wahrgenommen. Als praktische Umsetzung des Glaubens ist Diakonia immer auch Zeugnis des Glaubens (*Martyria*).
- *Koinonia* (Gemeinschaft):
  Unter der Koinonia versteht man die Gemeinschaft der Christusgläubigen. Dabei geht es sowohl darum, Anteil am Leben der Glaubensbrüder und -schwestern zu nehmen, als auch darum, sich über den Glauben auszutauschen und darin gegenseitig zu unterstützen. Koinonia wird nicht nur in der einzelnen Pfarrei gelebt, sondern sie versteht sich auch als Verbundenheit aller Gläubigen in der gesamten Weltkirche.
- *Leiturgia* (Feier):
  Leiturgia/Liturgie ist der gemeinschaftlich gefeierte Glaube an Gott. Dabei wird das Wesentliche des Glaubens zum Ausdruck gebracht. Die Liturgie soll Anstoß und Kraftquelle für ein Leben gemäß der Botschaft Jesu Christi sein und in den Alltag hineinwirken. Zur Liturgie gehören unter anderem die sonntägliche Eucharistie, die Feier der Hochfeste (Weihnachten, Ostern, Pfingsten), Wortgottesdienste, Andachten, die Feier der Sakramente und vieles mehr.
- *Martyria* (Zeugnis):
  Martyria ist das Bekennen und Bezeugen des Glaubens an Jesus Christus. In diesem Sinne waren die kirchlichen Märtyrer Menschen, die mit ihrem Leben für ihre christliche Überzeugung Zeugnis abgelegt haben – bis zum Tod. Zum Zeugnis des Glaubens gehört das Bekenntnis der einzelnen Christen ebenso wie die Sonntagspredigt des Pfarrers, Hirtenbriefe der Bischöfe oder die päpstlichen Verlautbarungen.

Hadrian VI. (1459-1523)

Geboren am 2. März 1459 in Utrecht als Sohn eines Schreiners, brachte es »Adrian« zum Professor der Universität Löwen. Er wurde Erzieher und Lehrer des späteren Kaisers Karl V., Bischof von Tortosa (Spanien) und Kardinal von Utrecht. Zeitweise übernahm er für seinen Zögling die Interimsregentschaft in Spanien. Überraschend wurde er als Nicht-Römer im Januar 1522 in seiner Abwesenheit zum Papst gewählt. Seine Aufgabe als Papst sah der asketische, sparsame Hadrian in der Bewahrung der Einheit der Kirche und ihrer inneren Reform. Dieses Ziel konnte er nicht mehr erfüllt sehen, da er nach kurzer Amtszeit am 14. September 1523 starb. Auf seinem Grabstein in der deutschen Kirche in Rom steht: »Ach, wie viel hängt davon ab, in welche Zeit auch des besten Mannes Wirken fällt.«

Heil (gotisch = ganz, vollständig)
Heil ist ein zentraler religiöser Begriff für das, was die Menschen in allen Religionen erhoffen und ersehnen: Heilsein des Menschen, Erfüllung und Glück, Ganzsein des Lebens und der Schöpfung. Im Dritten Reich wurde der Begriff missbraucht (»Heil Hitler!«). Im Namen Jesu ist die Erwartung des Heils ausgedrückt: Jehoschua bedeutet »Jahwe ist Heil«.

Horoskop (griech. = Stundenschau)
Ein Horoskop bezeichnet die auf Ort, Tag und Stunde eines Ereignisses berechnete Stellung der Gestirne. In einen aus den zwölf Tierkreiszeichen bestehenden Kreis werden Sonne, Mond und Planeten, Konstellationen und Häuser eingetragen. Das individuelle Horoskop dient dann als Grundlage zur Deutung von Charakter und Schicksal eines Menschen.

Inquisition (von lat. *inquirere* = aufsuchen, nachspüren)
Inquisition bezeichnet im weiteren Sinne das Erforschen von (Straf-)Tatbeständen und entstammt dem antiken römischen Recht. Anfang des 13. Jahrhunderts wurde die Inquisition in der Kirche angewandt, um geistige Würdenträger (z. B. Bischöfe) gezielt zur Anklage bringen zu können, falls sie durch grobes Fehlverhalten (Bestechung, Vernachlässigung ihrer Amtspflichten o. Ä.) aufgefallen waren.
Unter Papst Gregor IX. (gest. 1241) wurde die Inquisition zu einem Instrument der systematischen Verfolgung von ketzerischen Bewegungen, z. B. der Waldenser (→ Armutsbewegungen). Der Papst beauftragte meist Dominikanermönche als »Inquisitoren«, die zugleich als Ankläger und Richter auftraten. Um Ketzer aufzuspüren und Geständnisse zu erreichen, war die Folter zulässig. Die Vollstreckung des Urteils (für das sich zu diesem Zeitpunkt bereits der Scheiterhaufen etabliert hatte) wurde allerdings den weltlichen Autoritäten überlassen.

Die astronomische Uhr am Ulmer Rathaus, die um das Jahr 1520 entstanden ist, zeigt neben der Uhrzeit und den Mondphasen u. a. auch die Tierkreiszeichen an und verdeutlicht damit die ursprüngliche Bedeutung des Wortes → Horoskop.

Der Ausschnitt aus einem Fresko in der »Spanischen Kapelle« von S. Maria Novella in Florenz zeigt eine beeindruckende Darstellung der → Inquisition: Das um 1365 von Andrea da Firenze, genannt Bonaiuto, gemalte Bild zeigt rechts den Gründer des Dominikaner-Ordens Dominikus, der den Häretikern predigt, in der Mitte Thomas von Aquin, der mit ihnen debattiert, und links Petrus Martyr, der den Hunden im unteren Bildrand befiehlt, die Wölfe in Stücke zu reißen. Die schwarzweiß gefleckten Hunde stehen für die *domini canes* (vgl. den Ordensnamen!) und die Wölfe für die Häretiker, die von der Inquisition blutig verfolgt wurden.

Einzug der → Kardinäle zur Papstwahl in die Sixtinische Kapelle

In Spanien und Portugal entwickelte sich im 15. Jahrhundert eine staatliche Form der Inquisition, die gezielt gegen Juden und Mauren gerichtet war und später auch in den Kolonialgebieten der beiden Staaten bei der Bekehrung der Ureinwohner eingesetzt wurde. Man bediente sich der gleichen Mittel wie die päpstliche Ketzer-Inquisition: Es drohten Folter und Scheiterhaufen.
Im 16. Jahrhundert entstand schließlich die so genannte »Heilige Kongregation der römischen und allgemeinen Inquisition« (kurz: Römische Inquisition). Dieses Gremium sollte den römisch-katholischen Glauben (insbesondere gegenüber dem Protestantismus) bewahren und falsche Lehren bzw. Glaubensirrtümer bekämpfen. Die Römische Inquisition bestand bis ins 20. Jahrhundert fort, widmete sich in späteren Jahren allerdings vornehmlich der Wahrung katholischer Glaubensgrundsätze und der Zensur nichtkatholischer Schriften. 1966 trat an ihre Stelle die Kongregation für Glaubenslehre.

Kardinal

»Kardinal« ist ein vom Papst verliehener Titel, der den Träger zur Papstwahl berechtigt und ihn zur besonderen Mitverantwortung an der Gesamtleitung der Kirche verpflichtet. Die Kardinäle wählen den Papst traditionsgemäß aus ihren eigenen Reihen und beraten ihn in allen wesentlichen Fragen der Kirche. Die *Kurienkardinäle* sind die obersten Mitarbeiter der zentralen päpstlichen Verwaltungsbehörde, der Römischen → Kurie.
Bei Vollendung des 75. Lebensjahres sollen die Kardinäle auf ihr Amt verzichten, wobei Ausnahmeregelungen durch den Papst ermöglicht werden können. Mit Vollendung des 80. Lebensjahres verlieren sie jedoch ihre Kurienämter und das aktive Papstwahlrecht.
Um Kardinal zu werden, bedarf es – anders als bei Priestern und Bischöfen – keiner Weihe. Seit den 1960er-Jahren sollten Kardinäle allerdings neben der Priesterweihe auch die Bischofsweihe haben. Bedeutende Theologen können jedoch von der Bischofsweihe ausgenommen werden.

Katechismus

Christliches Lehrbuch, das – oft in Frage- und Antwortform – die Grundsätze des christlichen Glaubens beschreibt. Katechismen dienten zum Unterricht im Glauben (»Katechese«) für Taufbewerber und in der Mission. Berühmt wurde Luthers »Deutscher Katechismus« (1529), der so genannte Große Katechismus, in dem er die evangelisch-lutherische Lehre verständlich in Deutsch darstellte. Die reformierte Kirche folgte dem so genannten »Heidelberger Katechismus«, während für Katholiken im Zuge der → Gegenreformation nach dem Trienter Konzil der *Catechismus Romanus* (1566) als verbindlich galt. Heute maßgeblich ist für Katholiken der von der Deutschen Bischofskonferenz 1986 (Band 1) und 1995 (Band 2) herausgegebene Katholische Erwachsenenkatechismus sowie der 1994 von der Römischen Kurie verfasste Katechismus der Katholischen Kirche (auch »Weltkatechismus« genannt), der auch als kurz gefasstes Lehrbuch (Kompendium) erhältlich ist.

King, Martin Luther (1929-1968)

Dr. Martin Luther King wurde am 15. Januar 1929 in Atlanta, im amerikanischen Bundesstaat Georgia geboren. King studierte Theologie und wurde Pfarrer in der Baptistischen Kirche. Er engagierte sich für die Rechte der Schwarzen, die in Amerika stark diskriminiert wurden. Er verweigerte jede Gewalt und rief zum passiven Widerstand auf. So kam es zu einem Zusammenschluss der schwarzen Bevölkerung, die die Geschäfte der Weißen und das öffentliche Busunternehmen boykottierte mit dem Erfolg, dass der Oberste Gerichtshof die Rassentrennung verurteilte. In dieser Zeit wurde King trotz seiner eigenen Gewaltlosigkeit

Martin Luther → King

mehrmals tätlich angegriffen, überlebte Bombenanschläge und wurde oft ins Gefängnis gebracht. Zu den wichtigsten Ereignissen der Bürgerrechtsbewegung gehört der Marsch auf Washington am 28. August 1963, bei dem King die berühmte Rede *I have a dream* hielt. Am 4. April 1968 wurde er in Memphis, Tennessee, erschossen.

Kirchenbann

Die Erklärung des Kirchenbanns bedeutete die Exkommunikation, also den Ausschluss einer Person aus der Gemeinschaft der Kirche.

Koinonia

→ Grunddimensionen der Kirche

Konfession

Konfession ist ein anderer Begriff für »Bekenntnis«. Im heutigen Sprachgebrauch meint man damit die Zugehörigkeit zu einer bestimmten christlichen Glaubensrichtung (römisch-katholisch, orthodox, lutherisch, reformiert).
Ursprünglich bezeichnete *confessio* (lat.) jede Form des Glaubensbekenntnisses. Das konnte z. B. das Sündenbekenntnis sein (lat. *confiteor* = ich bekenne, gestehe). In der Zeit der Christenverfolgung nannte man auch die Märtyrer *confessores* (= »Bekenner«). In der Zeit der → Reformation entstanden durch → Luthers Kritik an der katholischen Kirche die verschiedenen »Konfessionen«. In dieser Zeit bedeutet *confessio* eine Bekenntnisschrift, in der eine damalige »Religionspartei« ihr Glaubensbekenntnis verbindlich zusammenfasst. Am berühmtesten wurde die *Confessio Augustana*, die Melanchthon 1530 auf dem Reichstag in Augsburg als Zusammenfassung des lutherischen Glaubens auf Latein vortrug.

Konflikt

(lat. *confligere* = zusammenstoßen, aneinandergeraten)
In einem Konflikt prallen mindestens zwei verschiedene Ansichten oder Ziele aufeinander, die nicht einfach nebeneinander existieren können. Deshalb äußert sich ein Konflikt meist in einem Wortgefecht, dem sogar körperliche Gewalt folgen kann. Dennoch ist ein Konflikt deutlich von »Streit« zu unterscheiden.
Um einen Konflikt nachhaltig zu lösen, darf sich nicht eine Konfliktpartei einfach durchsetzen, sondern es müssen in der Verschiedenheit der Ansichten Lösungen gefunden werden, die für alle Beteiligten annehmbar sind. Ein so genannter Kompromiss wird dadurch erreicht, dass jeder etwas nachgibt.
Konflikte können aber auch innerhalb eines einzelnen Menschen entstehen: Man spricht dann von »inneren Konflikten«. Sie entstehen, wenn zwei verschiedene Ziele gleichermaßen wünschenswert sind, sich aber ausschließen (Entscheidungskonflikt oder → Dilemma). Eine solche Situation wird von dem betroffenen Menschen als unangenehm empfunden und gerne verdrängt. Allerdings verschwinden solche Konflikte erst, wenn sie wirklich gelöst werden.

Konzil

(lat. *concilium* = Versammlung)
Als Konzil wird in der katholischen Kirche eine Versammlung von Bischöfen bezeichnet. Ein Regional- oder Partikularkonzil bezieht sich auf einen Teil der Bischöfe, z. B. aus einer Region. Für die Kirche entscheidend sind allerdings die so genannten Allgemeinen oder Ökumenischen Konzilien, auf denen sich Bischöfe aus aller Welt versammeln.
Nach katholischer Zählung haben bis heute 21 Ökumenische Konzilien stattgefunden, angefangen mit dem Konzil von Nizäa (325) bis zum → Zweiten Vatikanischen Konzil (1962-1965). Im ersten Jahrtausend wurden die Konzilien vom Kaiser einberufen, danach stehen Einberufung und Vorsitz ausschließlich dem Papst zu.
Den Bischöfen, die auf einem Ökumenischen Konzil unter Leitung des Papstes und zusammen mit ihm beraten, kommt in Fragen des Glaubens und der Sitte Unfehlbarkeit zu. Dabei nimmt das Konzil die Aufgabe einer verbindlichen Lehre für die katholische Gesamtkirche wahr. Die Bischöfe und der Bischof von Rom (→ Papst) handeln als Kollegium in der Nachfolge des Apostelkollegiums (vgl. Apg 15; Gal 2,1-10).
In der Vergangenheit war meist die Abwehr von Irrlehren der Anlass zur Einberufung eines Ökumenischen Konzils, für das Zweite Vatikanische Konzil standen seelsorglich-pastorale Anliegen im Vordergrund.

Konzil von Trient

→ Gegenreformation

Kurie

Als Kurie werden alle Verwaltungsbehörden und Gerichte in Rom bezeichnet, die im Namen des Papstes für die Regierung der gesamten katholischen Kirche zuständig

Lukas Cranach d. Ä. (1472-1553), Bildnis Martin → Luthers im 50. Lebensjahr, 1533

sind. Heute gehören zur Römischen Kurie vor allem das Staatssekretariat, in dem alle Fäden der Gesamtkirche zusammenlaufen, die Kongregationen als Verwaltungsorgane für die Kirche, und die Gerichtshöfe, von denen einer zum Beispiel als letzte Berufungsinstanz in Ehenichtigkeitsfällen angerufen werden kann.

Kyrie eleison

Kyrie eleison. Christe eleison. Kyrie eleison (griech.: = Herr, erbarme dich. Christus, erbarme dich. Herr, erbarme dich). In jeder Messe gibt es Texte, die gleich bleiben (*Ordinarium*). Das Kyrie ist der Eröffnungsruf des Ordinariums und stammt aus der Liturgie der griechisch sprechenden Ostkirche. Die anderen großen Ordinariumsteile sind *Gloria*, *Credo*, *Sanctus* und *Benedictus*, sowie *Agnus Dei*.

Leib Christi

Paulus verwendet den »Leib Christi« als eine Metapher für die Beziehung der Kirche zu Jesus Christus (vgl. 1 Kor 12,12-31a). Christus stellt dabei das Haupt dar, die Gemeindemitglieder stehen für die verschiedenen Glieder. Mit dem Bildwort wird der Gemeinschaftscharakter der Kirche betont und gleichzeitig auf die Vielfalt ihrer Mitglieder und deren Fähigkeiten verwiesen. Dass Jesus Christus das Zentrum von Kirche ist, wird auch durch das Deutewort der Eucharistie »Das ist mein Leib, ...« in Erinnerung gerufen (vgl. Osnabrücker Altar 87).

Leiturgia

→ Grunddimensionen der Kirche

Luther, Martin (1483-1546)

Am 10. November 1483 wurde Martin Luther in Eisleben (Thüringen) geboren. Nach dem Schulbesuch in Mansfeld, Magdeburg und Eisenach studierte er in Erfurt → *Artes liberales* und Recht. In einer Gewitternacht gelobte er, in ein Kloster einzutreten. Bei den Augustiner-Eremiten in Erfurt wurde er 1517 zum Priester geweiht und nach dem Studium zum Professor der Theologie ernannt. Seine 95 Thesen gegen den Ablass (31. Oktober 1517) gaben den Anstoß für die → Reformation. Im Jahr 1521 wurde Luther von der katholischen Kirche gebannt. Auf dem Reichstag in Worms widerrief er seine Thesen nicht, weswegen die → Reichsacht über ihn verhängt wurde. Luther konnte auf abenteuerliche Weise fliehen und sich als »Junker Jörg« verkleidet auf der Wartburg bei Eisenach verstecken, wo er begann, die Bibel ins Deutsche zu übersetzen. 1525 heiratete Luther die ehemalige Nonne Katharina von → Bora und lebte mit ihr und ihren gemeinsamen sechs Kindern in Wittenberg. Er wirkte dort durch Predigten, Lieder, Übersetzungen, Briefe, Gespräche und umfangreiche theologische Schriften. Am 18. Februar 1546 starb Luther in Eisleben.

Martyria

→ Grunddimensionen der Kirche

Mediation

Bei der Mediation verhandeln zwei Streitende in Anwesenheit einer neutralen dritten Person (Mediator/in oder Streitschlichter/in), die für einen geordneten Ablauf des Gesprächs sorgt. Ziel der Mediation ist, dass sich die beiden Parteien gütlich einigen können. Mediatorinnen und Mediatoren richten nicht und machen nicht einmal Lösungsvorschläge, sondern unterstützen die Streitenden dabei, freiwillig einen passenden Kompromiss zu finden. Für diese Aufgabe ist eine gute Ausbildung in Gesprächstechniken unerlässlich.
In Australien wird das Mediationsverfahren erfolgreich in juristischen Konflikten verwendet, wenn Ehescheidungen, Erbstreitigkeiten oder Mobbingfälle ohne Richterin oder Richter ausgetragen werden.

Melanchthon, Philipp (1497-1560)

Als Humanist und Professor für Griechisch in Wittenberg übersetzte Philipp Schwarzerd seinen eigentlichen Familiennamen wörtlich ins Griechische und nannte sich »Melanchthon«. Seit 1518 lehrte der kluge Denker in Wittenberg und wurde ein enger Freund → Luthers. Zusammen mit Luther trieb er die → Reformation entscheidend voran und verfasste ihre grundlegenden Schriften wie die *Confessio Augustana* (»Augsburger → Konfession«, 1530) und den *Tractatus de potestate papae* (»Abhandlung über die Macht des → Papstes«, 1537). Am 19. April 1560 starb Melanchthon in Wittenberg.

Mondkalender

Der Mondkalender orientiert sich an einer Mondphase, die ca. 29,5 Tage lang ist. Teilt man nun das Jahr in zwölf solche gleich langen Mondphasen ein, so ergibt sich ein Mondjahr mit einer Länge von 354 bis 355 Tagen.
Schon seit Jahrhunderten finden die Mondphasen (Neumond, Vollmond, zu- und abnehmender Mond) gerade beim Ackerbau Beachtung. Für Ernte und Aussaat gibt es nach alter Überlieferung gute wie schlechte Zeitpunkte, deshalb sollten sie zum richtigen Zeitpunkt erfolgen. Getreide wurde z. B. nur bei zunehmendem Mond ausgesät, weil das ein möglichst rasches und sicheres Gedeihen und einen schnellen Bodenschluss, der vor Erosion bewahrt, gewähren würde.
Heute hat der Mondkalender im Zuge esoterischer Weltdeutungen wieder Einzug in viele Alltagsbereiche gefunden: Vom Arzttermin über Haare schneiden bis zu Reparaturen am Haus soll alles in einer möglichst günstigen Mondphase erfolgen. Aus wissenschaftlicher Sicht ist jedoch nur der Einfluss der Mondphasen auf die Gezeiten des Meeres erwiesen, nicht jedoch auf die menschliche Psyche.

Mythos (griech. = Erzählung, Rede, Geschichte)

Mythos heißt eine überlieferte Geschichte, welche die Existenz der Welt und der Menschen erzählerisch und nicht rational-begrifflich erklären will. Alle Religionen haben ihre Mythen, in denen Beschlüsse der Gottheiten, die Herkunft der Welt (Schöpfungsmythen), ihr gegenwärtiger Zustand oder menschliche Schicksale gedeutet werden, z. B. das babylonische »Enuma elisch«, das »Popol Vuh« der Maya in Mittelamerika oder die Schöpfungserzählungen der Bibel.
Mythen vom Anfang der Welt wollen nicht wörtlich beschreiben, *was* genau am Anfang geschehen ist, sondern erzählen vom Sinn und vom Wert der Welt und des Lebens. Sie antworten auf die Frage, *warum und wozu* es die Welt und uns Menschen gibt.

Ökumene

siehe *Stichwort »Ökumene«* 73

Okkultismus (lat. *occultum* = das Verborgene, Geheime, Unbekannte)

Ursprünglich ist mit Okkultismus die Beschäftigung mit dem Wissen um Verborgenes und Nicht-Sichtbares gemeint. Seit Ende des 19. Jahrhunderts bezeichnet Okkultismus alle weltanschaulichen oder religiösen Lehren und Praktiken, die sich mit »übersinnlichen« Kräften und Erscheinungen des Natur- und Seelenlebens beschäftigen. Mit der Erforschung »okkulter« Phänomene befasst sich die → Parapsychologie.

Ordinariat

→ Bistum

Papst

Seit dem 5. Jahrhundert wird die Amtsbezeichnung »Papst« in der Westkirche ausschließlich für den Bischof von Rom verwendet. Der Papst hat das höchste Leitungs- und Lehramt innerhalb der katholischen Kirche inne. Das Papstamt gründet in der besonderen Stellung des Jüngers Simon Petrus, als dessen direkter Nachfolger der Papst verstanden wird. Der entscheidende Text, Mt 16,17-19, umschreibt den Auftrag des Petrus auf dreifache Weise:
1. Das Felsenwort meint nach katholischer Auffassung nicht einen einmaligen Akt der Grundsteinlegung, sondern das dauerhafte Fundament der Kirche.
2. Die Übergabe der Schlüssel des Himmels bedeutet die Vollmacht, das Wort Gottes auszulegen, um den Menschen damit den Zugang zum Reich Gottes aufzuschließen.
3. Die Worte vom »Binden und Lösen« beziehen sich auf die Vergebung der Sünden. Sie entscheiden über die Zugehörigkeit zur Gemeinde oder den Ausschluss von ihr.
Hinzu kommen Jesu Auftrag an Petrus, dessen Geschwister zu stärken (vgl. Lk 22,31f.), und seine Bestellung zum Hirten der Kirche (vgl. Joh 21, 15-23).
Ursprünglich als Amt der Einheit gewollt, stellt das Papstamt heute ein Problem für die → Ökumene dar, da es von den evangelischen Kirchen als nicht biblisch begründet abgelehnt wird. Für die römisch-katholische Kirche ist das Papsttum ein Element der Kirchenverfassung, das zum Wesen der Kirche gehört.

Parapsychologie

Unter Parapsychologie versteht man die Forschung an übersinnlichen und okkulten Erscheinungen (so genannte Psi-Phänomene). Vor allem soll durch Untersuchungen und Experimente die Existenz solcher übersinnlicher Phänomene wissenschaftlich festgehalten werden. Die Ergebnisse der parapsychologischen Forschung sind heute allerdings sehr umstritten.

Pirckheimer, Caritas (1467-1532)

Die katholische Ordensfrau Caritas Pirckheimer war Äbtissin des Nürnberger Klarissenklosters und couragierte Gegnerin der → Reformation. In Nürnberg wurde die Reformation bereits 1525 und damit sehr früh eingeführt. Propagiert wurde sie u. a. durch die Künstler Hans Sachs und Albrecht Dürer. Die engagierte Äbtissin wehrte sich erfolgreich durch Eingaben und Disputationen mit Refor-

Caritas → Pirckheimer

matoren gegen das Vorhaben, die Klöster aufzulösen. Zwar sympathisierte Caritas Pirckheimer durchaus mit einigen Ideen der Reformation, wollte aber nicht ihre Lebensgemeinschaft im Orden aufgeben und nicht zulassen, dass sie und ihre Ordensschwestern verheiratet werden. Sie schrieb in ihren »Denkwürdigkeiten« über diese Zeit. Ihr Kloster blieb erhalten, doch durften keine neuen Ordensfrauen mehr aufgenommen werden. Dadurch fand das Klosterleben in St. Klara nach Pirckheimers Tod ein Ende.

Protestanten

→ Reformation

Rechtfertigung

Der Begriff der Rechtfertigung des Menschen vor Gott meint das vergebende Handeln Gottes am sündigen Menschen. Biblisch findet sich der Begriff in den Schriften des Paulus, der erklärt: Das Heil kann man sich nicht selbst erwirken, sondern der Mensch ist nur gerechtfertigt, weil Gott durch seine gnädige Zuwendung in Jesus Christus sein Heil schenkt (z. B. Röm 3,21ff.; 5,21). Für → Luther wird der Begriff der Rechtfertigung zum Kern seiner Theologie. Er verzweifelt an der spätmittelalterlichen Frömmigkeitspraxis und erkennt, dass er durch gute Taten nie sich selbst vor Gott rechtfertigen kann. Durch das Studium der Paulusbriefe gelangt er zu seiner Erkenntnis vom rechtfertigenden Handeln des gnädigen Gottes. Das Trienter Konzil (→ Gegenreformation) nimmt in Auseinandersetzung mit den Reformatoren diesen Gedanken einerseits auf, hält aber auch an einer gewissen Mitwirkung des Menschen am Rechtfertigungsgeschehen fest. In heutiger → Ökumene können Christen und Christinnen beider Konfessionen Rechtfertigung so verstehen, dass wir allein aus Gnade, nicht aufgrund eines Verdienstes von Gott angenommen werden und den Geist empfangen

Lukas Cranach d. Ä. (1472-1553) hat den hochtheologischen Begriff der → Rechtfertigung bildlich in seinem Gemälde »Allegorie auf Gesetz und Gnade« veranschaulicht: Links wird der im Gefolge von Adam und Eva sündige Mensch gejagt vom Tod und dem Bösen, rechts hingegen ist er ohne eigenes Zutun durch die Gnade des Todes und der Auferstehung Jesu befreit.

haben, der uns zu guten Werken befähigt und auffordert.

Reformation

Die von *Martin* → *Luther* (1483-1546) angestoßene Bewegung im 16. Jahrhundert, die zunächst eine »Reform« (= Erneuerung) der Kirche sein sollte, aber dann zur Kirchenspaltung führte, ging in die Geschichte als »Reformation« ein. Mit der *Confessio Augustana* wird 1530 auf dem Reichstag zu Augsburg die Trennung des neuen Bekenntnisses von der katholischen Kirche vollzogen. Luther und *Philipp* → *Melanchthon* (1497-1560) wirkten in Wittenberg, dem so genannten »deutschen Rom«. Sie schafften die lateinische Messe, das Zölibat, die Marien- und Heiligenverehrung und die → Sakramente der Firmung, Ehe, Krankensalbung und Priesterweihe ab. In Straßburg wirkte *Martin Bucer* (1491-1551) als Reformator, in Zürich *Huldrych Zwingli* (1484-1531) und in Genf *Johannes Calvin* (1509-1564), die noch radikalere Reformvorstellungen hatten als Luther. Anders als Luther sah Zwingli in der Eucharistiefeier nur ein Symbol, aber keine reale Gegenwart Gottes. So entstanden zwei große reformatorische Richtungen, die Lutheraner und die Reformierten um Zwingli und Calvin. Der Name »Protestanten« verdankt sich dem Protestieren der evangelischen Stände auf dem Reichstag zu Speyer 1529. Als »Reformationstag« wird der 31. Oktober begangen als Erinnerung an die Veröffentlichung von Luthers 95 Thesen im Jahr 1517.

Reichsacht

Wenn ein Mensch »geächtet« wurde, also unter »Acht« stand, bedeutete das seine Ausstoßung aus der Gemeinschaft, in der er lebte. Das mittelalterliche Recht sah die Acht nur als hohe Strafe bei Landfriedensbruch vor. Der Geächtete galt als vogelfrei und hatte keine Rechte. Die schärfste Stufe der Acht, die »Reichsacht«, konnte nur der Kaiser aussprechen.

Reiki

Reiki (jap. *rei* = Kosmos und *ki* = Energie)

Reiki ist eine Bewegung, die eine ganzheitliche – körperliche wie seelische – Heilung anstrebt, um alle Aspekte des Lebens besser begreifen und bewältigen zu können. Im Mittelpunkt steht das wissenschaftlich äußerst umstrittene Prinzip einer universellen Lebensenergie, die durch den Praktizierenden auf andere übertragen werden kann.

Reliquien

Reliquien sind eigentlich »Überreste« eines Menschen, Dinge, die an einen Menschen erinnern. Der Reliquienkult, also die Verehrung von Reliquien, kam im 9. Jahrhundert auf und erlebte im Mittelalter seinen Höhepunkt. Verehrt wurden vor allem Reliquien Jesu, wie etwa Tropfen seines Blutes (z. B. im oberschwäbischen Weingarten mit seiner Tradition des »Blutrittes« oder in der Wallfahrt zum Heiligen Blut nach Walldürn im Odenwald), das Turiner Grabtuch, die Dornenkrone (in Saint Chapelle, Paris) oder der Mantel Jesu (der so genannte »Heilige Rock« in Trier, den bei seiner letzten Ausstellung 1996 mehr als 700 000 Menschen sehen wollten). Aber auch Knochen oder Kleidungsstücke eines Heiligen galten als wirkmächtige Reliquien, wurden in kostbar verzierten »Reliquiaren« aufbewahrt und verehrt.
Wo ein Heiliger liegt, da ruht auch sein Segen – so hoffte man. Deshalb wurden in jeder Kirche unter dem Altartisch Reliquien beigesetzt, welche die Vorgänger im Glauben als

Im Kölner Dom werden die Gebeine der hl. drei Könige als → Reliquien verehrt.

Fundamente der Kirche versinnbildlichen sollten.
Man kann den Reliquienkult als eine Form der Volksfrömmigkeit verstehen, die konkrete Ausdrucksformen des Glaubens sucht. Der lebhafte und Gewinn bringende Handel mit Reliquien im Mittelalter führte auch zu Erscheinungen wie Diebstahl, Raub und Fälschung.
Einer der größten Reliquiensammler war Friedrich der Weise, → Luthers Beschützer, der 18 970 Reliquien gesammelt hatte. Die Reformatoren kritisierten den spätmittelalterlichen Reliquienkult als Aberglauben. Das Konzil von Trient (→ Gegenreformation) klärte, dass Überreste eines verehrungswürdigen Menschen es wert sind, in Ehren gehalten zu werden, solange die Verehrung nicht den Reliquien, sondern dem Menschen gilt.

Renaissancepapsttum

Als erster Renaissancepapst im besten Sinne zählt Nikolaus V., der von

Melozzo da Forli (1438-1494), Papst Sixtus IV. (→ Renaissancepapsttum), mit vier Neffen, darunter der erst 32-jährige Kardinal Giuliano della Rovere, der spätere Papst Julius II., und dem knienden Bibliothekar Platina

1447-1455 Papst war und sich als Humanist und Kunstförderer einen Namen machte. Seine Nachfolger vertraten das Amt des Papstes mehr als politische und kulturfördernde denn als geistliche Instanz und brachten es u. a. durch Nepotismus (den Neffen oder sonstigen Verwandten hohe Ämter zukommen lassen) in Verruf. So förderte z. B. Sixtus IV. (Papst von 1471-1484) als Mäzen Wissenschaft und Kunst (Bau der »Sixtinischen Kapelle«), schadete aber der Kirche durch schrankenlosen Nepotismus und sein problematisches Finanzgebaren. Als berüchtigtster Vertreter des Renaissancepapsttums gilt Alexander VI. (Papst von 1492-1503), der seine Familie, vor allem seine Kinder Lukrezia und Cesare Borgia, durch sein Amt bereicherte. Ihm folgte Pius III., der nur 26 Tage im Amt war. Sein Nachfolger Julius II. (Papst von 1503-1513) gab den Auftrag zum Neubau der Peterskirche. → Luthers Papstkritik richtete sich gegen seinen Zeitgenossen Papst Leo X. (1513-1521).

Ritual (lat. *ritualis* = zum religiösen Brauch gehörig)
»Ritual« bezeichnet ursprünglich eine religiöse Handlung, die nach einem festgelegten Schema immer gleich abläuft. Besonders bei Anlässen, die das Leben des Menschen in seiner Tiefe betreffen, wie die Geburt eines Kindes, der Entschluss zweier Menschen, das Leben zu teilen, oder die Auseinandersetzung mit → Schuld und Sünde, Krankheit und Tod helfen festgelegte Rituale, angemessen mit der Situation umzugehen. Fast jeder Mensch hat aber auch seine kleinen Alltagsrituale, die ihm das Leben erleichtern und den Alltag strukturieren. Dazu gehören z. B. Morgenrituale (Frühsport, Meditation oder Morgengebet) oder Begrüßungs- und Umgangsformen beim Treffen mit anderen Menschen.

Sakrament

In der katholischen Kirche ist ein Sakrament (lat. *sacramentum* = ursprünglich die Weihe von Kriegsdienstleistenden) ein Vorgang, bei dem sichtbare Zeichen auf die unsichtbare Wirklichkeit, dass Christus in diesen gegenwärtig und erfahrbar ist, hinweisen. Ein Sakrament besteht immer aus Zuspruch und Zeichenhandlung. Sowohl das gesprochene Wort als auch die Zeichenhandlung, wie das Übergießen mit Wasser bei der Taufe oder die Handauflegung bei der Firmung, sind genau festgelegt.
Die Gültigkeit eines erteilten Sakraments hängt nicht vom Glauben und Lebenswandel der Beteiligten ab, muss aber vom Spender in der Absicht erteilt werden, »das zu tun, was die Kirche tut«. Außerdem benötigt er die ordnungsgemäße Beauftragung durch die Kirche. Alle Sakramente sind Zeichen der liebenden Wirklichkeit Gottes, der die Menschen versöhnen und zu sich in Verbindung stellen möchte. Die katholische Kirche unterscheidet seit dem

13. Jahrhundert sieben Einzelsakramente: Taufe, Firmung, Eucharistie, Ehe, Priesterweihe, Krankensalbung und → Buße (auch Sakrament der Versöhnung genannt).

Schöpfung

Der Begriff »Schöpfung« besagt, dass alles Vorhandene nicht durch sich selbst existiert, sondern von einem »Schöpfer« geschaffen worden ist. Nicht blinder Zufall, sondern eine Ordnung, ein göttlicher Wille stehen am »Anfang« der Welt. Die Schöpfungsmythen der verschiedenen Völker (→ Mythos) erzählen bildliche Geschichten vom Vorgang dieses Schaffens. Die Philosophen der Antike dachten darüber nach, warum es überhaupt alles gibt, was existiert. Es wäre schließlich auch denkbar, dass es gar nichts gibt – absolute Leere. Die *creatio ex nihilo*, d. h. »die Schöpfung aus dem Nichts« war für sie ein mögliches Denkmodell, um diese Frage zu beantworten. Die Schöpfungstexte der Bibel (vor allem Gen 1,1-2,4a und Gen 2,4bff.) gehen von der guten Schöpfungsordnung Gottes aus, der die Welt für den Menschen geschaffen hat und dem Menschen den Auftrag gibt, die Schöpfung, also alles Geschaffene, zu bewahren.

Schuld und Sünde

Ein Mensch lädt *Schuld* auf sich, wenn er bewusst schlecht handelt oder durch bewusstes Unterlassen einer Tat seiner Umwelt Schaden zufügt (siehe auch 42).

Sünde bezeichnet dagegen die Trennung des Menschen von Gott (siehe auch 43). Sie meint also nicht nur die Schuld gegenüber Menschen, sondern beinhaltet darüber hinaus den Glaubensaspekt, dass der Mensch in einer gestörten Beziehung zu Gott steht. Für Thomas von Aquin (1225/26-1274) bedeutete Sünde demnach Abkehr von Gott, ihm den Rücken zuzudrehen.

Das deutsche Wort Sünde hat gemeinsame Wurzeln mit Worten anderer germanischer Sprachen (engl. *sin*, altengl. *synn*, altnorweg. *synd*). Vielleicht geht es auf eine indogermanische Wurzel zurück, die »seiend« bedeutet. Darin kommt zum Ausdruck, dass Menschsein auch bedeutet, Schuld und Sünde auf sich zu laden. Wer gesündigt hat, kann durch sein Bekenntnis und ehrliche → Buße wieder mit Gott versöhnt werden. Das bedeutet, dass Gottes Beziehung zum Menschen weitergeht. Dazu gibt es in der katholischen Kirche das Bußsakrament.

Scientology

Die heute weltweit operierende Gemeinschaft Scientology wurde von dem Science-Fiction-Autor Lafayette Ron Hubbard wohl zwischen 1948 und 1950 unter dem Namen »Dianetics« gegründet. Sie versteht sich selbst als Kirche und will »religiöse Philosophie und Technologie« miteinander verbinden. Scientology ist gefährlich, weil sie neben dem Eindringen in betriebs- und volkswirtschaftliche Abläufe auch die vollkommene körperliche und psychische Kontrolle über ihre Mitglieder mithilfe verschiedener Untergruppierungen und Organisationen anstrebt. Daneben sind etliche Fälle bekannt, in denen ehemalige Mitglieder und Gegner massiv bedroht und attackiert wurden.

Sehnsucht

Sehnsucht bezeichnet das Gefühl innigen, ja schmerzlichen Verlangens und das Nachspüren und Suchen dessen, was als fehlend erkannt wurde.

Solidarität in der Einen Welt

Unter dem Stichwort »Solidarität in der Einen Welt« laufen viele Projekte, die versuchen, in den reichen Industrienationen sowohl ein Bewusstsein dafür zu wecken, dass es keine Trennung zwischen dem (reichen) Norden der Welt und dem (armen) Süden gibt, als auch praktische Solidarität in Form von konkreter Unterstützung für Menschen in den armen Regionen der Welt zu üben.

Die Misereor/BDKJ-Jugendaktion unterstützt z. B. ein solches Projekt auf den Philippinen: MASIPAG (auf Filipino »harte Arbeit«) ist ein philippinisches Netzwerk von Kleinbauern, Nichtregierungsorganisationen und Wissenschaftlern. Das Netzwerk verfolgt das Ziel, den Bauern zu helfen, sich gegen die Konzerne und das Patent-Abkommen der Welthandelsorganisation WTO zur Wehr zu setzen und eine größtmögliche Eigenständigkeit zu erreichen.

Stiftungen

Eine Stiftung ist ein spezieller Rechtsakt, in dem man ein Vermögen noch zu Lebzeiten oder per Testament im Todesfall einem bestimmten Zweck zukommen lässt. Stiftungen gab es schon in der Antike und auch heute gibt es in aller Welt ein breit gefächertes Stiftungswesen. In der Regel sind soziale, karitative und künstlerische Projekte als Stiftung organisiert, aber auch Wirtschaftsunternehmen können Stiftungen sein. V. a. im Mittelalter kam es recht häufig vor, dass reiche Bürger – teils aus Furcht vor Höllenqualen im Jenseits, teils aus gelebter Frömmigkeit – ihr Vermögen einer kirchlichen Stiftung überschrieben. Diese Stiftungen dienten meist sozialen oder religiösen Aufgaben und waren oft Hospitäler, wie z. B. das Heilig-Geist-Spital in Nürnberg (siehe Bild 140) oder

Aus unterschiedlichen Motiven gründeten auch im Mittelalter reiche Bürger → Stiftungen für wohltätige Zwecke, die z. T. bis heute Bestand haben, wie das Heilig-Geist-Spital in Nürnberg.

Kirchenstiftungen. Zum Teil existieren diese Stiftungen noch heute (vgl. die Fuggerei in Augsburg).

Streitschlichtung

→ Mediation

Sünde

→ Schuld und Sünde

Tarot

Tarot ist ein Kartenspiel mit 78 Blatt, das vor allem zum Wahrsagen verwendet wird. Nach bestimmten Regeln werden aus den Kartensymbolen, die menschliche Tugenden, Laster und Lebenserfahrungen darstellen, Schlüsse gezogen. Viele nutzen heute Tarotkarten zur Selbstfindung und zur Vorhersage ihrer persönlichen Entwicklung. Die Ursprünge des Spiels sind unklar, könnten aber bis in die Antike zurückreichen. Neben einer neuen Blüte heute war das Spiel vor allem in der Renaissancezeit in Italien (*Tarocco*) beliebt.

Umweltverschmutzung

Unter Umweltverschmutzung versteht man die Belastung der Natur mit Abfall- und Schadstoffen, z. B. Giften, Mikroorganismen und radioaktiven Substanzen. Jeder zivilisatorische Fortschritt bringt Beeinträchtigungen für die Umwelt mit sich. Durch die Industrialisierung seit dem 19. Jahrhundert, die moderne Landwirtschaft und die zunehmende Mobilität des Menschen ist die Belastung jedoch so groß geworden, dass die Lebensgrundlagen des Menschen gefährdet sind. Diese Erkenntnisse haben in den letzten Jahrzehnten auch in den Kirchen zum Umdenken geführt: Die Bewahrung der Schöpfung, die aus dem göttlichen Auftrag an die Menschen in Gen 2,15 hergeleitet wird, ist ein Hauptanliegen des »Konziliaren Prozesses«, in dessen Rahmen sich die Kirchen neben dem Umweltschutz auch um Lösungen für eine gerechtere und friedlichere Welt bemühen.

Lösungen zum Ökoquiz **29**:
Wasser ist die Grundlage allen Lebens. Obwohl sich die Wüstengebiete der Erde immer weiter ausbreiten und es in immer mehr Regionen der Welt zu einem Problem wird, die Bevölkerung mit sauberem Trinkwasser zu versorgen, gehen die Menschen in den Industrienationen sehr sorglos damit um: Jede/r Deutsche verbraucht im Durchschnitt 127 Liter Wasser pro Tag, die Einwohner von New York sogar 660 Liter.
Der Fortschritt der letzten 150 Jahre brachte es mit sich, dass die Menschheit heute fast ebenso abhängig vom Erdöl wie vom Wasser sind. Das »Schwarze Gold« kommt jedoch nur in wenigen Gebieten der Welt vor, deshalb muss es – meistens mit riesigen Öltankern – über weite Strecken transportiert werden. Immer wieder passiert es, dass solche Tanker in Seenot geraten, beschädigt werden und sich ihre Fracht ins Meer ergießt. Wenn sich so ein Tankerunfall ereignet, entsteht eine akute Ölpest, die für Meeresorganismen und Seevögel verheerende Folgen hat. Schon ein einziger Liter Öl reicht aus, um die millionenfache Menge Wasser zu verpesten. Aber auch die Abwasser von Raffinerien und anderen Industrien sind oft ölverschmutzt.
All das führt dazu, dass allein in der Nordsee und dem Nordatlantik jährlich 150 000 bis 450 000 Seevögel der chronischen Verölung zum Opfer fallen.
Die Industrie leitet nicht nur Ölreste, sondern auch andere Abwasser ins Meer. Diese enthalten z. T. organische Abfälle, Fette, Schwermetalle, Säuren, Alkalien, Giftstoffe, radioaktive Substanzen u. a. 1997 musste die Nordsee trotz aller Wasserschutzbemühungen immer noch etwa 200 000 Tonnen Industrieabfälle schlucken.

Müllmacher ist jedoch nicht nur die Industrie. Jeder Mensch produziert so genannten »Hausmüll«. Die in Deutschland jährlich pro Kopf zu entsorgende Haushaltsmüllmenge liegt zwischen 235 und 250 Kilogramm. Bei etwa 82,5 Millionen Deutschen sind das weit über 20 Millionen Tonnen. Batterien und Medikamente sowie Lacke und Anstrichfarben sind besonders problematisch bei der Entsorgung. Sie gehören daher nicht in den Hausmüll, sondern in die Sonderabfallsammlung oder zur Apotheke.
Besonders deutlich wurden die Auswirkungen der Umweltverschmutzung bei den Waldschäden, die trotz Katalysatorenpflicht bei Autos immer noch zunimmt: 1991 sind 59,8 Prozent (1984: 50,2 Prozent) aller Bäume krank, über 20 Prozent (17,3 Prozent) haben deutliche Schäden. Besonders schlimm trifft es die über 60-jährigen Bäume, also solche, die schon länger einer hohen Schadstofffracht ausgeliefert sind. Hier sind heute z. B. 87 Prozent aller Fichten, 84 Prozent aller Kiefern, 89 Prozent aller Tannen, 82 Prozent aller Buchen und 82 Prozent aller Eichen krank. Alte Baumriesen wird es wohl bald gar nicht mehr geben.

Urknall (engl. *big bang*)

Der Urknall bezeichnet den Zeitpunkt der Entstehung von Raum, Zeit und Materie und die Entwicklung des Universums in den ersten Bruchteilen von Sekunden. In der heutigen Forschung gilt der Urknall als die wahrscheinlichste Theorie zur Entstehung des Kosmos.

Weltbild

Ein Weltbild entsteht durch das Zusammenfügen allen Wissens und Glaubens, aller Erfahrungen und Erkenntnisse über die Welt, auf dessen Grundlage dann die Welt interpretiert und besser begriffen werden kann.

Wendo

Selbstverteidigungs- und Selbstbehauptungskonzept, das von Frauen für Frauen und Mädchen entwickelt worden ist. Das Wort setzt sich aus einer Verkürzung des englischen *women* zu »Wen« und dem japanischen *do* für »Weg« zusammen. Damit versuchten die Gründerinnen von Wendo eine sprachliche Anlehnung an japanische Kampfkünste wie Judo oder Aikido. Eine Besonderheit von Wendo ist die Mischung von leicht erlernbaren körperlichen Techniken und verbalen Selbstverteidigungsformen. Hauptaugenmerk liegt dabei darauf, die individuellen Stärken von Frauen und Mädchen zu fördern und dadurch ihre Handlungsmöglichkeiten zu erweitern.

Ölverschmierte Seevögel in den Medien schrecken in regelmäßigen Abständen die Menschen auf. Doch → Umweltverschmutzung wird täglich verursacht und die großen Schäden sind oft erst nach Jahrzehnten sichtbar.

Zweites Vatikanisches Konzil (Vaticanum II)

Das Zweite Vatikanische Konzil wurde 1959 von Papst Johannes XXIII. (vgl. 83 B) angekündigt und hatte als Ziel das *Aggiornamento*, das Heranführen der Kirche an die (damals) gegenwärtige Zeit, um den Glauben der Kirche zeitgemäß ausdrücken zu können. Zu dieser Versammlung waren alle Bischöfe und Ordensoberen der männlichen Orden eingeladen. Über 2500 so genannte Konzilsväter nahmen an der Eröffnung teil und durchschnittlich waren immer über 2000 anwesend. Beobachter aus nichtkatholischen Kirchen und Fachtheologen hatten großen Einfluss auf die Texte, die entstanden. Das Konzil dauerte vom 11. Oktober 1962 bis zum 8. Dezember 1965.
Zu den Themen des Konzils gehörten das Selbstverständnis der Kirche, die Liturgie, die Rolle der Laien in der Kirche, das Verhältnis zu den anderen christlichen Konfessionen, zum Judentum und zum Islam, und das Verhältnis der Kirche zur heutigen Welt. Wichtige Konzilsdokumente sind *Dei Verbum* (Über die göttliche Offenbarung), *Lumen Gentium* (Über die Kirche) und *Gaudium et Spes* (Über die Kirche in der modernen Welt). Eine nachhaltige Wirkung hatte auch die Liturgiereform, die unter anderem das althergebrachte Latein als Sprache im Gottesdienst durch die Landessprache ersetzte.

Biblische Zitate

Stichwortregister

Text- und Bildnachweis

5 Fotos: Bodo Diercks, Kirchweyhe – Shigemi Nunazawa/APB/Ciel et espace – Dr. Kurt Werner Jakobus, Herrsching – Elke Obermeier, Würzburg (2) – Peter Wirtz, Dorrmagen – Kösel-Archiv

6 Fotos: Kösel-Archiv – dpa – Kösel-Archiv – A. Meßmer, München – blickpunkt x – in: Gernot Candolini, Die Faszination der Labyrinthe, Kösel-Verlag in der Verlagsgruppe Random House GmbH, München 2003, S. 7 – Kösel-Archiv

7 Max Grüter/Neue Züricher Zeitung

8 Erde vom Weltall aus, Foto: NASA – Foto: Shigemi Nunazawa/APB/Ciel et espace – Erich Kästner, in: Werke. Band I, Hanser Verlag, München/Wien 1998, S. 175f.

9 Abbildung: National Geographic Deutschland – Michelangelo Buonarotti (1475-1564), Die Schöpfung, 1510, Fresko, Sixtinische Kapelle, Vatikan/Artothek

10 Internet-Chat vom 15.4. 2002: www.literatur-diskussion.de/bibel/texteneu/875html

11 in: Jostein Gaarder, Durch einen Spiegel, in einem dunklen Wort. Aus dem Norwegischen von Gabriele Haefs. Coverillustration von Quint Buchholz © Carl Hanser Verlag, München/Wien 2000, S. 31f. – Coverabbildung: mit freundlicher Genehmigung des Carl Hanser Verlags, München – in: Fynn, Hallo, Mr. Gott, hier spricht Anna, Scherz Verlag, Bern 1975, S. 106f.

12 Globus Infografik, Hamburg

14 © At-Records, Berlin – T: Peter Plate/Anna Err, Ulf Leo Sommer © Edition Peter Plate/Wintrup Musikverlag Walter Holzbaur, Detmold – T/M: Freddy Mercury/Michael Moran, © Mercury Songs Ltd., EMI Music Publishing (Germany GmbH), Hamburg

15 Foto: Bodo Diercks, Kirchweyhe – Der griechische Sonnengott Helios auf seinem vierspännigen Wagen, Attischer Krater, Vasenmalerei, rotfigurig, um 425 v. Chr., Original: London, British Museum, Foto: bpk/Hermann Buresch – Zitat Wernher von Braun: aus einer Pressemeldung – Hans Mendl – nach: Stephen Hawking, Die illustrierte kurze Geschichte der Zeit, Rowohlt, Reinbek bei Hamburg 1997, S.233 – Foto: Manni Masons Pictures – König Ptolemäus, um 1503, Holzschnitt, in: Gregor Reisch (um 1472 – 1523), Margarita Philosophica

18 Aufschrift auf der Stele 3 von Piedras Negras, Grafik: D. Stuart, in: zu Ausstellung »Die Welt der Maya« im Rautenstrauch-Joest-Museum für Völkerkunde, Köln 1994

19 in: Anja Aschenbrenner, Schöpfungsgeschichten auf der Spur, Eine Unterrichtseinheit im Fach Religion für eine 5. Klasse, Quelle nicht zu ermitteln – nach: Mircea Eliade, Die Schöpfungsmythen, Patmos Verlag, Düsseldorf 1998, S. 134-151

20 Der Schöpfergott als Baumeister der Welt, Titelbild einer Bible moralisée, um 1250, Nordfrankreich

21 Emil Nolde (1867-1956), Der große Gärtner, 1940, Öl auf Leinwand, 73,5 x 59 cm, Sprengel-Museum, Hannover

22 Albrecht Dürer (1471-1528), Adam und Eva, Radierung, 1504, Schlossmuseum Weimar – Rose Ausländer, in: Ich höre das Herz des Oleanders. Gedichte 1977-1979, Fischer Verlag, Frankfurt/M. 1985, S. 102

23 Christa Peikert-Flaspöhler, Heute singe ich ein anderes Lied. Frauen brechen ihr Schweigen, Rex Verlag, Luzern/Stuttgart 1992, S. 73 – HAP Grieshaber (1909-1981), Bedrohtes Paar, 1949, Holzschnitt © VG Bild-Kunst, Bonn 2014

24 Franz von Assisi, Die Demut Gottes. Meditationen, Lieder, Gebete, ausgewählt und übersetzt von Anton Rotzetter und Elisabeth Hug, Reihe Klassiker der Meditation 14, Benziger Verlag, Köln 1977, S. 148f. – Giovanni Cimabue (um 1240 - 1302), Fresko in der Unterkirche der Basilika S. Francesco, Assisi

25 Hans Magnus Enzensberger, in: Kiosk. Neue Gedichte, Suhrkamp Verlag, Frankfurt/M. 1995, S. 124 – Foto: Isolde Ohlbaum, München

26 Fotos: © Dr. Kurt Werner Jakobus, Herrsching – © Thomas Raupach, Herrsching

27 Foto: Rolf Hartmann, München – Cartoon: Mayr © Baaske Cartoons – Quelle unbekannt – Rigoberta Menchú, in: Enkelin der Maya. Autobiografie, Lamuv Verlag, Göttingen 1999, S. 191, 208

28 Cartoon: Langer © Baaske Cartoons

29 in: Hans Georg Krämer, Entwicklungsland Deutschland, Hammer Verlag, Wuppertal 1997 – Stiftung Warentest (Hg.), Ratgeber Umwelt-Lexikon – Foto: Barbara Barsczewska, Knittelfeld

30 Foto: Oscar Poss/Verlag Neue Stadt – in: Hans Küng, Credo, Piper Verlag, München 1992, S. 33f.

31 Mutsuo Hirano (geb. 1952), Der Vielseher, 1999, Terracotta, 42 cm, Diözesanmuseum Würzburg

32 Cartoon: Watterson © Bulls – in: Thomas Gordon, Familienkonferenz: Die Lösung von Konflikten zwischen Eltern und Kind, Hoffmann & Campe Verlag, Hamburg 1972

33 in: Günter Stiller/Irmela Brender (Hg.), Streit-Buch für Kinder. Meine Meinung – deine Meinung, Beltz Verlag, Weinheim 1973, S. 58 f. (bearbeitet) – Schüler 2001: Familienbeilage »Let's talk about Familienleben«, S. 7ff.

34 Foto: Mirko Huhmann, Marburg

35 Martin Luther King, Quelle unbekannt

36 in: Kurt Faller/Wilfried Kerntke/Maria Wackmann (Hg.), Konflikte selber lösen: Mediation für Schule und Jugendarbeit, Verlag an der Ruhr, Mülheim 1996, S. 64

37 in: Paul Watzlawick, Die Kunst, unglücklich zu sein, Piper Verlag, München 1983 – Christoph Besemer, Mediation. Vermittlung in Konflikten, PAZIFIX-Materialvertrieb der DFG-VK Baden-Württemberg; Königsfeld/Stiftung Gewaltfreies Leben, Karlsruhe 1993

38 in: Hans Schmid/Lothar Kuld (Hg.), Lernen aus Widersprüchen: Dilemma-Geschichten im RU, Auer Verlag, Donauwörth 2001, S. 161– Keith Haring (1958-1990), o. T., 1989 © The Estate of Keith Haring, New York

39 Hans Schmid/Lothar Kuld, s. zu S. 38, S. 161

40 Thomas Lange (geb. 1957), Adam Oggi I – XXV, 1996/1997, Mischtechnik auf Leinwand. 50 x 50 cm, Diözesanmuseum Würzburg – T/M: Reinhard Mey © Chanson Edition Reinhard Mey, Berlin

41 Ottmar Hörl (geb. 1950), Unschuld, 1997, Multiple, Seife (5,2 x 8 x 3,2 cm) mit Aufdruck in schwarzer Kunststoffdose (6,7 x 10 x 4 cm), mit weißem Schriftaufdruck, Auflage 82 000 000 Exemplare © VG Bild-Kunst, Bonn 2014, Foto: Rainer Schmidt/Artikel Editionen

42 Keith Haring (1958-1990), o. T., 1986 © The Estate of Keith Haring – Wolfdietrich Schnurre, in: Der Schattenfotograf, List Verlag, München 1978 – Johannes Gründel, Schuld, Vergebung und Versöhnung, in: Wilhelm Ernst (Hg.), Grundlagen und Probleme heutiger Moraltheologie, Echter Verlag, Würzburg 1989

43 Klaas Huizing, in: Ästhetische Theologie 1. Der erlesene Mensch, Kreuz Verlag, Stuttgart 2000 – Petrus Ceelen, in: So wie ich bin, Patmos Verlag, Düsseldorf 1982 – Cartoon: Waldemar Mandzel © Baaske Cartoons

45 Rembrandt van Rijn (1606-1669), Der verlorene Sohn, 1662, 262 x 206 cm, Öl auf Leinwand, Eremitage, St. Petersburg

46 Walter Rupp, Erstaunliche Gleichnisse, Styria Verlag, Graz 1985, S. 113f. – © Franz Fassbind, Adliswil – in: Helmut Anselm/Karl-Friedrich Haag/Markus Hartenstein/Walter Zwanzger (Hg.), Radierungen zur Bibel von Thomas Zacharias. Bilder und Bildbetrachtungen, Deutsche Bibelgesellschaft, Stuttgart 1993, S. 126

47 Max Beckmann (1884-1950), Christus und die Sünderin, 1917, 151 x 129 cm, Öl auf Leinwand, St. Louis Art Museum © VG Bild-Kunst, Bonn 2014

48 Thomas Gordon, s. zu S. 33

49 Faller u. a., s. zu S. 36, S. 114

50 alle Fotos: Elke Obermeier

52 Foto: Rolf Hartmann, München – Frère Roger, Gott kann nur lieben. Erfahrungen und Begegnungen (Freiburg u.a. ^{3}2002), S. 50f. und 69 – Katholisches Pfarramt Heilig Kreuz, Bietigheim

53 Fotos: Elke Obermeier – Peter Wirtz, Dormagen (2)

55 Jonathan Borofsky (geb. 1942), Man walking to the Sky, Documenta Kassel 1992

56 Eduard Mörike, Im Frühling, in: Sämtliche Gedichte, Piper Verlag, München 1987, S. 30 – Fotos: Paul Kleff, Berlin – Chiara Thoma, Sappenfeld – Horst Linke, Nürnberg – firo Sportfoto – Wolf Biermann, Das kann doch nicht alles gewesen sein, in: Preußischer Ikarus, Verlag Kiepenheuer & Witsch, Köln 1978, S. 94

57 Foto: Horst Linke, Nürnberg – Eva Strittmatter, Rechte beim Aufbau-Verlag, Berlin

58 Lukas Cranach d. J. (1515-1586), Zweierlei Predigt, 1546, Farbholzschnitt, Abb.: AKG, Berlin

62/63 Behaim-Globus, um 1492, Germanisches Nationalmuseum, Nürnberg

64 Niklaus Manuel (1484-1530), Berner Totentanz, in: Jörg Zink, Diabücherei Christliche Kunst, Bd. 4 © Verlag am Eschbach, Eschbach o. J. – Textzitat zum Totentanz, in: Norbert Ohler, Sterben und Tod im Mittelalter, Düsseldorf 2003, S. 263 – in: Werner Trutwin/ Klaus. Breuning/Roman Mensing (Hg.), Wege des Glaubens 7/8 Neuausgabe, Patmos, Düsseldorf 1988, S. 233 (bearbeitet) – Josse Lieferinxe, gen. Meister von San Sebastiano (aktiv 1493-1508), Pilger flehen den Heiligen in seinem erhöhten Schrein an, 1497, Öl auf Holz, 82 x 55 cm, Galeria Nazionale d'Arte Antica, Rom

65 s. zu S. 64 – Karin Bornkamm/Gerhard Ebeling (Hg.), Martin Luther, Ausgewählte Schriften Bd. 1, Insel Verlag, Frankfurt/M. 1982, S. 30f. u. 36 passim

66 Lukas Cranach d. Ä. (1472-1553), Martin Luther als Augustinermönch, Germanisches Nationalmuseum Nürnberg – Ev. Gesangbuch Nr. 299

67 Foto: Drei-Kastanien-Verlag, Wittenberg – in: Otto Hermann, Pesch, Hinführung zu Luther, Grünewald Verlag, Mainz 1983, S. 82 f. – Cartoon: Werner »Tiki« Küstenmacher © Baaske Cartoons

68 Lukas Cranach d. Ä (1472-1553), Martin Luther als Mönch, ca. 1521, Kupferstich
69 Szenenfotos aus dem Film: Luther © NFP*/Foto Rolf von der Heydt
70 in: Johannes Brosseder, Der Glaube schnarcht nicht. Martin Luther und die Erneuerung der Kirche, SZ v. 17./18. 2. 1996, S. I – in: Werner Hilgemann/Hermann Kinder, dtv-Atlas zur Weltgeschichte, Bd. 1, Grafische Gestaltung der Abbildungen: Harald und Ruth Bukor © 1964 Deutscher Taschenbuch Verlag, München
71 © Österreichisches Staatsarchiv, Wien, OeStA, HHStA AUR 1555 IX 25, Fotostudio Udo Otto, A - 1060 Wien
72 in: Michael Meyer-Blanck, Horizont und Form. Typisch katholisch aus evangelischer Sicht, in: Das Parlament, 53. Jg., Nr. 18-19, Berlin, 28.4.-5.5.2003, S. 4 – Walter Fürst, Das Weihrauchfass war nun überhaupt nicht erwünscht. Typisch evangelisch aus katholischer Sicht, in: Das Parlament, 53. Jg., Nr. 18-19, Berlin, 28.4.-5.5.2003, S. 4 – Cartoon: Burkhard Mohr
73 Foto: picture alliance/dpa – Eckhard Bücken, in: Ev. Gesangbuch S. 1087
74 Wanderweg bei Köttweinsdorf, Foto: Thomas Hansmann, Bamberg – Dorothee Sölle, Unterwegs mit Dir, zit. nach: Hanna Strack (Hg.), FrauenKirchenKalender 2003, Strack Verlag, Pinnow 2003, S. 58; Rechte bei der Autorin
75 Kathedrale von Santiago de Compostela; Foto: Annegret Langenhorst – Marianne Storz, Pilgerinnenweg, in: Hanna Strack (Hg.) , FrauenKirchenKalender 2003, S. 58
76 Hanns Dieter Hüsch, Das Schwere leicht gesagt, tvd-Verlag, Düsseldorf [4]1997, S.154f., leicht gekürzt
77 Grafik in: Quint Buchholz/MIchael Krüger, Wer das Mondlicht fängt. Bilder und Gedichte © 2008 Sanssouci im Carl Hanser Verlag, München, S. 116
78 Kösel-Archiv
79 Foto: KNA
80 in: provo, Beilage zu Publik-Forum 11/2003, S. 10 – Foto: KNA/Novak – Henning Schluss, Beim Wort Mission gehen die Warnlichter an, in: Publik-Forum 12/2003, S. 40f. – Cartoon: Plassmann © Baaske Cartoons
82 in: Heinrich Kunkel, Das Heilige Messopfer, Familienverlag, Würzburg 1953, Foto: Pillat Rothenfels – Katholisches Pfarramt Heilig Kreuz, Bietigheim – Gotteslob 852 in diversen Diözesanbeilagen – Fotos: Helmuth Euler, Werl – Kösel-Archiv (2) – missio, Aachen – in: Heinrich Kunkel, Das Heilige Messopfer, Familienverlag, Würzburg 1953, Foto: Pillat Rothenfels
83 Fotos: Kösel-Archiv – KNA – Peter Wirtz, Dormagen – Axel Müller, Mensch Maria, in: Mensch Maria, Ausstellung der Diözese Würzburg, Katalogreihe Marmelsteiner Kabinett (1992) – Friedrich Stakr, Dortmund – A. Meßmer, München – Gotteslob 852 (in diversen Diözesananhängen) – Foto: Robert Sauerbeck, Nürnberg
84 Cartoon: Burkhard Mohr
86 Aussendung der Jünger, Bernwardssäule, Hildesheim 11. Jh. (Detail), Foto: E. Breloer, Hildesheim – Fußwaschung, Speyrer Evangelistar, 1197, fol 28r, Badische Landesbibliothek, Karlsruhe – Jörg Zink, in: Wie wir beten können, Kreuz Verlag, Berlin 1970 (gekürzt) – Martha Sonntag, in: Gertrud Widmann (Hg.), Die Bilder der Bibel von Sieger Köder. Erschließende und meditative Texte, Schwabenverlag, Ostfildern 1996, S. 170
87 T: Mt 18,20/M: Kommunität Gnadenthal © Präsenz Verlag, Gnadenthal – Osnabrücker Altar, um 1375 – Miniatur, Wiener Genesis, um 570, Antiochien, Österreichische Nationalbibliothek, Wien, Cod. Theol. Graec., 31 pag 8 – in: Gaudium et spes 1. Kleines Konzilskompendium, Verlag Herder, Freiburg 1996, S. 449
89 Foto: KNA – CIC. Can 331 – Meldung; KNA Informationsdienst 22.10.2003, Ersch.-Nr. I200300561/43 – Fotos: KNA – Maria-Ward-Schule, Nürnberg
90/91 Texte und Fotos: Jugendhaus Burg Feuerstein, www.burg-feuerstein.de
92 Foto: Gertrud Leutenegger, Wil © Ateliers et Presses de Taizé – in: Schulleben.pdf. Jahresbericht 14 des Michael Sailer-Gymnasiums, Dillingen
93 M.: Gesang aus Taizé/M: Jacques Berthier © Ateliers et Presses de Taizé, 71250 Taizé-Communauté
94 Rap, gedichtet von Robinson, Cecho und Juan Carlos, Kolumbien; übersetzt von Annegret Langenhorst – Foto: Alexander Keller
95 Michael Kuhnert, Bleierne Zeit – Goldene Zeit: Drei Jahre Cali, in: Missionsprokur der deutschen Jesuiten weltweit (Hg.), weltweit Pfingsten 1997, S. 8ff. – Foto: Ebd.
96 Fotos: Alexander Keller, Langenzenn
97 Jan David Hauck, in: Die Kinder von Cali, Missionsprokur der deutschen Jesuiten, Nürnberg – Foto: Missionsprokur der deutschen Jesuiten, Nürnberg
98 Foto: Bernd Hackl, Nürnberg/Werkstatt NGL der Ezzdiözese Bamberg – www.feuerstein-web.de/LiederGeschichten.html – www.stefanieschwab.de; 1. u. 2. Strophe
99 © Blickpunkt x
100 Fotos: Archiv Mader
101 Christus, der Weinstock; Kreuz im Münster Bad Doberan 14. Jh., Bad Doberan
102 Foto: KNA
103 Niki de Saint Phalle (1930-2002), Der Narr, ca. 1979-1996, Skulptur im »Tarot-Garten«, Capalbio/Italien © VG Bild-Kunst, Bonn 2014
104 in: Gernot Candolini, Die Faszination der Labyrinthe, Kösel-Verlag in der Verlagsgruppe Rendom House GmbH, München 2003, S. 7 – T/M: Hartmut Engler/Ingo Reidl © Arabella Musikverlag GmbH (BMG UFA Musikverlage), München, in: Mächtig viel Theater, Intercord 1998
105 Bravo Nr. 34 v. 17. August 2005
111 Fotos: Kösel-Archiv (2) – Studio Schmidt-Dominé – Ingrid Malzahn, in: Das Wunder Ihrer Psyche, Ariston Verlag, Genf 1987, S. 43
112 Collage: Kösel-Archiv
113 Arthur E. Waite, Tarot, Standardausgabe, Königsfurt Verlag, Krummwisch [3]1994, Set Nr. 2 – nach: Evelin Bürger/Johannes Fiebig, Tarot für Einsteiger/innen, Klein Königsförde Verlag, Köngisfurt 1999, S. 11ff.
114 Stern Nr. 43 v. 17. Oktober 2002, S. 58
115 nach: Werner Gross (Hg.), Psychomarkt Sekten – Destruktive Kulte, Deutscher Psychologen-Verlag, Bonn 1994, S. 27ff.
116 in: Studienkreis ajs-Kompaktwissen (Hg.), Nr. 12: Scientology
117 Süddeutsche Zeitung v. 21. April 1997, S. 3 – Cartoon: Mester © Baaske Cartoons, Müllheim
118 nach: Kurt-Helmuth Eimuth, Sekten-Ratgeber, Verlag Herder, Freiburg [1]1997, S. 77ff.
119 Edvard Munch (1863-1944), Der Schrei, 1893, 91 x 73.5 cm © The Munch Museum/The Munch Ellingsen Group/VG Bild-Kunst, Bonn 2014
120 in: Joseph Ratzinger (Benedikt XVI.), Salz der Erde. Christentum und katholische Kirche im 21. Jahrhundert, Deutsche Verlags-Anstalt, München 1996, S. 22 f. – ders., in: Holger Zaboriski/Alwin Letzkus (Hg.), Wer hilft uns leben? Von Gott und Mensch, Verlag Herder, Freiburg i. Br. 2005, S. 174
121 Edith Peres-Lethmate (geb. 1927), Kreuz des Südens, 1985, 70 x 45 cm, Skulptur, Bronze, Pfarrei St. Martin, Koblenz-Pfaffendorf
122 Hubert Kohle, Weltanschauungsbeauftragter der Diözese Augsburg
123 Uli Hauser, in: Stern Nr. 45 v. 30. Oktober 2003, S. 144ff. – Fotos: Gregor Lengler/lait
124 Hildegard von Bingen, Mensch und Kosmos
126 Dom zu Eichstätt, Foto: Norbert Staudt, Eichstätt – Lukas Cranach d. Ä. (1472 – 1553), Bildnis der Katharina von Bora, 1526, Öltempera auf Holz, 19,5 x 13,5 cm, Staatliches Museum Schwerin
128 Giotto di Bondone (1266-1336), Franziskus predigt den Vögeln, 1295/1300, Fresko, San Francesco (Oberkirche, Innenfassade), Assisi, Foto: Stefan Diller, AKG-images, Berlin
129 Das Konzil von Trient 1545-1563, Gemälde aus dem Kloster Stans © tau-av
130 Jacques de Gheyn II (1565-1629), Justitia, Kupferstich
131 Astronomische Uhr am Rathaus Ulm – Andrea Bonaiuto, gen. Andrea da Firenze (tätig ca. 1343-1377), Triumph und Auftrag der Kirche, 1365-68, Fresko, Cappella Spagnuolo, Santa Maria Novella, Florenz
132 Foto: KNA
133 Dr. Martin Luther King Jr. spricht an der Michigan State University am 11. Februar 1965, Foto: © Michigan State University Archives and Historical Collections
134 Lukas Cranach d. Ä. (1472-1553), Bildnis Martin Luthers im fünfzigsten Lebensjahr, 1533, Historisches Museum Regensburg, Leihgabe der Standort Bayerischen Staatsgemäldesammlungen
136 Caritas Pirckheimer (1467-1532) © Archiv Nürnberger Nachrichten – Lucas Cranach (Werkstatt), Gesetz und Gnade - Die Rechtfertigung des Sünders, um 1535, Gemälde auf Buchenholz, später in zwei Teile zersägt, 71,9 x 59,6 cm und 72,6 x 60,1 cm, Nürnberg, Germanisches Nationalmuseum
137 Nikolaus von Verdun (1181-1220) Dreikönigsschrein, Kölner Dom © Rudolf Barten/Stadt Köln
138 Melozzo da Forli (1438-1494), Papst Sixtus der IV. mit vier Neffen und dem knienden Bibliothekar Platina, um 1480-81, Fresko auf Leinwand übertragen, 370 x 315 cm, Pinacoteca Vaticana, Rom
140 Heilig-Geist-Spital, Innenhof, Foto: Archiv Geschichte für alle e. V.
141 © Arco Images

Die überwiegende Zahl der Quellenangaben ist aufgeführt. In Einzelfällen ließen sich die Rechtsinhaber nicht ermitteln. Für Hinweise sind wir dankbar. Sollte sich ein/e nachweisbare/r Rechtsinhaber/in melden, zahlen wir das übliche Honorar.